T0194537

essentials

essentials liefern aktuelles Wissen in konzentrierter Form. Die Essenz dessen, worauf es als „State-of-the-Art" in der gegenwärtigen Fachdiskussion oder in der Praxis ankommt. *essentials* informieren schnell, unkompliziert und verständlich

- als Einführung in ein aktuelles Thema aus Ihrem Fachgebiet
- als Einstieg in ein für Sie noch unbekanntes Themenfeld
- als Einblick, um zum Thema mitreden zu können

Die Bücher in elektronischer und gedruckter Form bringen das Expertenwissen von Springer-Fachautoren kompakt zur Darstellung. Sie sind besonders für die Nutzung als eBook auf Tablet-PCs, eBook-Readern und Smartphones geeignet. *essentials:* Wissensbausteine aus den Wirtschafts-, Sozial- und Geisteswissenschaften, aus Technik und Naturwissenschaften sowie aus Medizin, Psychologie und Gesundheitsberufen. Von renommierten Autoren aller Springer-Verlagsmarken.

Weitere Bände in der Reihe http://www.springer.com/series/13088

Wanja Wellbrock · Daniela Ludin · Sina Krauter

Nachhaltigkeits-controlling

Instrumente und Kennzahlen für die strategische und operative Unternehmensführung

Springer Gabler

Wanja Wellbrock
Hochschule Heilbronn
Schwäbisch Hall, Deutschland

Daniela Ludin
Hochschule Heilbronn
Schwäbisch Hall, Deutschland

Sina Krauter
Hochschule Heilbronn
Schwäbisch Hall, Deutschland

ISSN 2197-6708   ISSN 2197-6716   (electronic)
essentials
ISBN 978-3-658-30699-1   ISBN 978-3-658-30700-4   (eBook)
https://doi.org/10.1007/978-3-658-30700-4

Die Deutsche Nationalbibliothek verzeichnet diese Publikation in der Deutschen Nationalbibliografie; detaillierte bibliografische Daten sind im Internet über http://dnb.d-nb.de abrufbar.

Planung/Lektorat: Susanne Kramer
Springer Gabler ist ein Imprint der eingetragenen Gesellschaft Springer Fachmedien Wiesbaden GmbH und ist ein Teil von Springer Nature.
Die Anschrift der Gesellschaft ist: Abraham-Lincoln-Str. 46, 65189 Wiesbaden, Germany

Was Sie in diesem *essential* finden können

- Grundlegender Überblick über die Themenfelder Nachhaltigkeit und Controlling.
- Ganzheitliche Verankerung der Nachhaltigkeit im Unternehmen.
- Normatives Nachhaltigkeitscontrolling als Unternehmensführungsaufgabe.
- Strategisches Nachhaltigkeitscontrolling zur Entwicklung einer ganzheitlichen Nachhaltigkeitsstrategie im Unternehmen.
- Operatives Nachhaltigkeitscontrolling zur Umsetzung und Messbarmachung der Nachhaltigkeitsstrategie im Unternehmen.

Vorwort

Nachhaltigkeit stellt einen der relevantesten Trends des 21. Jahrhunderts dar und wird auch für Unternehmen von immer größerer Relevanz.

Steigende Ressourcenverknappung, globale Erderwärmung, Luftverschmutzung, Gefährdung von Ökosystemen, Ausbeutung und Kinderarbeit gehören heutzutage zu den wichtigsten Themen jedes Einzelnen in der Gesellschaft. Aus diesem Grund wird dieser Bereich auch für Unternehmen immer bedeutender und nur nachhaltig agierende Unternehmen können langfristig erfolgreich am Markt sein. Der Druck auf Organisationen erhöht sich durch die Erwartungen ihrer Stakeholder und kann gar nicht mehr unbeachtet bleiben.

Das Anliegen dieses *essentials* ist es, basierend auf einem grundlegenden Einstieg in die Themen Nachhaltigkeit und Controlling zu verdeutlichen, wie Nachhaltigkeit ganzheitlich in einem Unternehmen verankert werden kann und welche Rolle dabei insbesondere das Controlling einnimmt. Wir betrachten das Nachhaltigkeitscontrolling auf allen drei Managementebenen – der normativen, der strategischen und letztendlich der operativen Ebene – um somit eine ganzheitliche Betrachtung des Themas in den Unternehmen sicherzustellen. Das traditionelle Controlling ignoriert die soziale und ökologische Perspektive der Nachhaltigkeit bisher weitestgehend, da diese Dimensionen nur bedingt durch konkrete monetäre Werte messbar sind. Gerade dieser Punkt wird im operativen Nachhaltigkeitscontrolling hervorgehoben, um eine kontinuierliche Zielerreichung auch in diesen Bereichen sicherzustellen. Das *essential* betrachtet, ausgehend von einer klar definierten Nachhaltigkeitsvision und -mission im Unternehmen, die Entwicklung einer ganzheitlichen Nachhaltigkeitsstrategie sowie die operative Umsetzung dieser sowie Messbarmachung der Zielerreichung durch konkrete Kennzahlen.

Wir wünschen Ihnen eine spannende und impulsgebende Lektüre sowie viele Anregungen für die direkte Umsetzung in der Unternehmenspraxis!

Heilbronn   Wanja Wellbrock
                                                                                        Daniela Ludin
                                                                                          Sina Krauter

Inhaltsverzeichnis

Über die Autoren

Prof. Dr. Wanja Wellbrock Hochschule Heilbronn, Schwäbisch Hall, Deutschland

Prof. Dr. Daniela Ludin Hochschule Heilbronn, Schwäbisch Hall, Deutschland

Sina Krauter Hochschule Heilbronn, Schwäbisch Hall, Deutschland

Einleitung

Steigende Ressourcenverknappung, globale Erderwärmung, Luftverschmutzung, Gefährdung von Ökosystemen, Ausbeutung und Kinderarbeit stellen heutzutage nicht nur für den Einzelnen in der Gesellschaft eine Problematik dar, sondern auch Unternehmen sind diesen Herausforderungen ausgesetzt. Aufgrund eines gesellschaftlichen Wandels zum nachhaltigen Denken beschäftigen sich Verbraucher vermehrt mit solch kritischen Themen. Dadurch erhöht sich der Druck auf Organisationen durch die Erwartungen ihrer Stakeholder und ein Reflektieren des unternehmerischen Handelns wird erwartet.

Als aktuelle Beispiele für negatives unternehmerisches Handeln können die Manipulation der CO_2-Abgaswerte diverser Automobilhersteller sowie nicht zu vertretende Arbeitsbedingungen im Ausland billig anbietender Textilhersteller angesehen werden. Dies verdeutlicht, dass vor allem Unternehmen einen enormen Einfluss über die weltweiten Zustände hinsichtlich Umwelt und Gesellschaft ausüben. Deshalb ist es sinnvoll, wenn Unternehmen es schaffen, Nachhaltigkeit in ihrem Unternehmen als Ganzes zu verankern, um den globalen Missständen entgegenzutreten. Da Unternehmen ihren langfristigen Fortbestand sichern wollen, müssen sie die wandelnden Interessen ihrer Stakeholder zufriedenstellen, um nicht nur monetären Erfolg zu erzielen. Ein nachhaltig aufgestelltes Unternehmen benötigt dazu Unterstützung durch ein Nachhaltigkeitscontrolling als Business Partner der Unternehmensführung.

Nachhaltigkeit gliedert sich in die drei Dimensionen Ökonomie, Ökologie und Soziales. Das Controlling schenkt der sozialen und ökologischen Perspektive der Nachhaltigkeit aber oftmals keine Beachtung, da diese Ziele meist nicht aus konkreten monetären Werten berechnet werden können. Das Ziel dieses Essentials ist es daher, zu verdeutlichen, inwiefern Nachhaltigkeit im Unternehmen gesteuert, geplant und kontrolliert werden kann. Aufzuweisen

© Der/die Herausgeber bzw. der/die Autor(en), exklusiv lizenziert durch Springer Fachmedien Wiesbaden GmbH, ein Teil von Springer Nature 2020 W. Wellbrock et al., *Nachhaltigkeitscontrolling*, essentials, https://doi.org/10.1007/978-3-658-30700-4_1

ist außerdem, inwieweit Nachhaltigkeit im Unternehmen verankert werden sollte, wie sie in die Vision und Strategie eingebettet wird und anhand welcher Kennzahlen Nachhaltigkeit operativ gemessen werden kann. Dabei stellt die Ermittlung und Interpretation der rein ökonomischen, stakeholderorientierten Kennzahlen, wie bspw. der Gewinn und der Wert des Eigenkapitals, kein großes Problem für den traditionellen Controller dar. Vielmehr ist es das Ziel, den shareholderorientierten Ansatz für ökonomische Werte herauszuarbeiten sowie Methoden und Kennzahlen zu finden, mit denen die soziale und ökologische Nachhaltigkeit gemessen und interpretiert werden kann. Außerdem soll dem Leser aufgezeigt werden, dass sich die Tätigkeiten des Controllers durch das Thema Nachhaltigkeit weiterentwickelt haben. Nachhaltigkeitscontroller müssen ihre Fähigkeiten hinsichtlich nachhaltiger Themen ausbauen, um ihrer verstärkten Funktion als Business Partner der Unternehmensführung gerecht werden zu können.[1]

Dieses Essential ist in sechs Kapitel gegliedert. Zunächst werden im zweiten Kapitel die Grundlagen für das Nachhaltigkeitscontrolling geschaffen, indem auf die Themen Nachhaltigkeit, Controlling und Kennzahlen eingegangen und letztendlich ein theoretischer Überblick über Nachhaltigkeitscontrolling gegeben wird. Hier werden die grundlegenden Begrifflichkeiten definiert und dargestellt, um ein Grundverständnis zu erhalten. Anschließend wird in Kapitel drei die Wichtigkeit des normativen Managements für das Nachhaltigkeitscontrolling dargelegt. Das Nachhaltigkeitscontrolling allein kann ein Unternehmen nicht nachhaltiger machen. Deshalb geht es hier darum aufzuzeigen, welche Notwendigkeit das Formulieren einer Vision und Mission für ein Unternehmen hat, das sich nachhaltiger aufstellen möchte. Außerdem wird die Bedeutung der Kommunikation mit den Stakeholdern veranschaulicht. Im vierten Kapitel geht es um das strategische Nachhaltigkeitscontrolling. Hier wird auf die Erstellung einer nachhaltig orientierten Strategie eingegangen und strategische Stoßrichtungen vorgestellt. Außerdem werden bekannte Instrumente des strategischen Controllings erläutert, die um die Dimensionen der Nachhaltigkeit erweitert werden, wie die SWOT-Analyse, die Wesentlichkeitsanalyse und die Sustainable Balanced Scorecard. Abschließend behandelt das fünfte Kapitel die Ausgestaltung des operativen Nachhaltigkeitscontrollings. Hier werden ausgewählte Konzepte und Kennzahlen aufgezeigt, um die operative Steuerung zu messen.

---

[1]Vgl. Balderjahn (2013), S. 21, Sailer (2017), S. 18, 42.

Diese werden in Anlehnung an den Triple-Bottom-Line-Ansatz aufgegliedert. Außerdem gewährt dieses Kapitel einen Einblick in die Nachhaltigkeitsberichtse rstattung. Zum Schluss wird das Essential anhand der wichtigsten Kernelemente zusammengefasst und mit einem Fazit abgerundet.

Grundlagen des Nachhaltigkeitscontrollings

2

2.1 Einführung in die Thematik der Nachhaltigkeit

Bereits im 18. Jahrhundert fand der Begriff Nachhaltigkeit seinen Ursprung durch Carlowitz. Er besagte, dass nur so viel Holz gerodet werden darf, wie durch planmäßige Aufforstung wieder nachwachsen kann. Diese Aussage begründete er aufgrund einer drohenden Rohstoffkrise im Jahr 1713. Zu dieser Zeit war Holz einer der wichtigsten Rohstoffe, weshalb die Wälder übernutzt wurden und kein Gedanke an die nachfolgenden Generationen verschwendet wurde. Ein weiterer Meilenstein für die Nachhaltigkeit war 1972 die Veröffentlichung des Buches „Grenzen des Wachstums" von D.L. Meadows, D.H. Meadows und E. Zahn, welches den Grundgedanken der modernen Nachhaltigkeitsdebatte darstellt. Die zukunftsfähige Entwicklung der Menschen und das nachhaltige Wirtschaften sollen gesichert werden, ohne dass sich die Lebenschancen künftiger Generationen schlechter darstellen, als die der gegenwärtigen Generation. Dies stellt das Leitbild der nachhaltigen Entwicklung dar und ist unter dem englischsprachigen Begriff „Sustainable Development" bekannt. Dieses Leitbild eignet sich weniger, um konkrete Handlungsempfehlungen abzuleiten, sondern wird eher als Orientierungsmaßstab für die Gesellschaft angesehen. Die intensivere Beschäftigung der Gesellschaft mit der Thematik Nachhaltigkeit führt bei den Stakeholdern zusätzlich zu erhöhten Ansprüchen, wie bspw. die Nachfrage nachhaltiger Produkte seitens der Kunden. Nachhaltigkeit bedeutet derzeit also auch die Integration der Sichtweise der Gesellschaft in die Sichtweise des Unternehmens, um so eine Verbindung zu schaffen.[1]

---

[1]Vgl. Colsman (2016), S. 8.

W. Wellbrock et al., *Nachhaltigkeitscontrolling*, essentials, https://doi.org/10.1007/978-3-658-30700-4_2

Abb. 2.1 Drei-Säulen-
Modell der Nachhaltigkeit.
(Quelle: In Anlehnung an
Sailer (2017), S. 22)

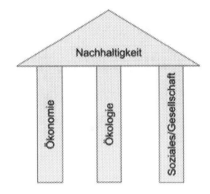

Der Triple-Bottom-Line-Ansatz bzw. das Drei-Säulen-Modell der Nach-
haltigkeit entwickelte sich 1992 bei der ersten UNO-Konferenz für Umwelt und
Entwicklung in Rio de Janeiro und besagt, dass Nachhaltigkeit von den drei
Dimensionen Ökonomie, Ökologie und Soziales gestützt wird (siehe Abb. 2.1).
Die Säule „Soziales" kann auch mit dem Begriff „Gesellschaft" ergänzt werden,
da „sozial" aus der englischen Übersetzung „social" zu wörtlich verstanden wird.[2]

Der ökonomische Aspekt der Nachhaltigkeit stellt sich die Frage, inwieweit
durch unternehmerisches Handeln ein langfristiger Wertezuwachs erreicht
werden kann und so ein wirtschaftlicher Wettbewerb zustande kommt. Um nach-
kommende Generationen hierbei nicht zu benachteiligen, ist es von Vorteil, wenn
die derzeitige Generation nicht über ihre Verhältnisse lebt. Für Unternehmen
bedeutet dieser Ansatz, die Liquidität durch einen hinreichend hohen Cashflow
zu sichern, um ihren Shareholdern entsprechende Wertsteigerungen und Aus-
schüttungen gewährleisten zu können.[3]

Die Sichtweise der ökologischen Nachhaltigkeit gibt den Grundgedanken von
Carlowitz am besten wieder, welcher besagt, dass nicht mehr Holz verbraucht
werden darf, als nachwachsen kann. Um die Natur erhalten zu können, darf das
menschliche Handeln nicht zur Zerstörung der natürlichen Ökosystemdienst-
leistungen beitragen, d. h. die Treibhausgase sollen reduziert, die Artenvielfalt
und deren Lebensräume geschützt und mit sämtlichen Ressourcen rücksichts-
voll umgegangen werden. Für Unternehmen bedeutet dieser Ansatz der Nachhaltigkeit, die Umweltbelastung in den einzelnen Prozessen im Unternehmen so

---

[2]Vgl. Colsman (2016), S. 8, Sailer (2017), S. 22.
[3]Vgl. Colsman (2016), S. 9, Sailer (2017), S. 22, Stadler (2017), S. 95.

gering wie möglich zu halten und die Ressourcen sinnvoll einzusetzen oder auf Materialien zurückzugreifen, die das Ökosystem schonen.[4]

Mithilfe des sozialen Standbeins der Nachhaltigkeit soll nach Stadler im Sinne der sozialen Gerechtigkeit so gehandelt werden, dass nachfolgenden Generationen nicht geschadet wird. In diesem Aspekt geht es außerdem darum, wie die jetzige Gesellschaft organisiert ist, um in Harmonie zusammenzuleben. Die Hauptelemente sind die Sicherung der Grundbedürfnisse, eine Chancengleichheit im Zugang zu Ressourcen und Bildung sowie eine Förderung der sozialen Kompetenz und der emotionalen Intelligenz. Für die Stakeholder soll sich der Wert ihres Unternehmens durch die Steigerung des Arbeitsvermögens einzelner Mitarbeiter und die Steigerung des Kapitals, welches der Arbeitgeber für Sozialleistungen zurückstellt, erhöhen.[5]

Der Triple-Bottom-Line-Ansatz ist noch heute der Grundgedanke einer nachhaltigen Entwicklung und soll sowohl ökonomische als auch ökologische und soziale Tätigkeitsfelder inkludieren. Die Prozesse einer nachhaltigen Entwicklung beruhen auf diesen drei Säulen, wobei die Gewichtung der Dimensionen theoretisch gleichwertig zu betrachten ist. Untersucht man die Thematik allerdings aus Sicht der Betriebswirtschaft, wird deutlich, dass diese Gleichwertigkeit nicht mehr gegeben ist. In der unternehmerischen Praxis werden nämlich soziale und ökologische Maßnahmen häufig nur dann vollzogen, wenn diese das ökonomische Ziel verbessern. Vor allem im Rechnungswesen und Controlling wurden bisher die sozialen und ökologischen Risiken nicht bzw. kaum miteinbezogen, da Risiken solcher Art Kosten verursachen und somit in einem Zielkonflikt mit den ökonomischen Zielen stehen. Die ökonomische Dimension wird demnach häufig über die ökologische und soziale Dimension gestellt.[6]

Unternehmen spielen in der heutigen Gesellschaft die Rolle eines Vorreiters bezüglich Nachhaltigkeit und müssen sich dementsprechend aufstellen. Die Bedeutung einer nachhaltigen Unternehmerschaft rückt deshalb weiter in den Fokus. Die Einbeziehung ihrer Stakeholder in Form eines Stakeholder-Dialogs hat derzeit eine immer größere Bedeutung, da die Meinungen und Bedürfnisse verschiedener Gruppen durch den Wandel der Gesellschaft stetig wichtiger für Unternehmen werden.[7]

---

[4]Vgl. Sailer (2017), S. 23, Stadler (2017), S. 95.

[5]Vgl. Sailer (2017), S. 23, Stadler (2017), S. 95.

[6]Vgl. Mocanu (2017), S. 1137, Müller (2011), S. 25, Sailer (2017), S. 23, Wühle (2019), S. 61.

[7]Vgl. Weber et al. (2012), S. 61.

2.2   Einführung in das Controlling

Die allgemeingültige Definition des Controllings besagt, dass Controlling als ein System und/oder Bereich der Unternehmensführung gilt, welches/welcher die Aufgabe hat, der Geschäftsführung Entscheidungshilfen anhand von Planung, Steuerung und Kontrolle des betrieblichen Geschehens zur Verfügung zu stellen. Doch das Controlling unterliegt wie auch die Gesellschaft einem ständigen Wandel. Während in den 1950-Jahren das Controlling noch eine kleine Stabstelle war, entwickelte es sich in den vergangenen Jahren zu einer zentralen Funktion der Unternehmensführung, die der Geschäftsführung auch beratend zur Seite steht. Controlling wird nicht mehr nur mit Buchhaltung und Kostenrechnung gleichgesetzt, sondern mit einem umfassenden Steuerungsinstrument für das gesamte Unternehmen, welches das Management auf Schwachstellen hinweist und Aktivitäten der einzelnen Abteilungen funktionsübergreifend koordiniert. Der Controller hat im Unternehmen eine immer größere Entscheidungsbeteiligung, da er die gesammelten Informationen analysiert und bewertet und damit eine Entwicklung zum „Business Partner" der Unternehmensführung durchlaufen hat.[8]

Das Controlling-System wird in strategisches und operatives Controlling unterteilt. Während das strategische Controlling zur Sicherung und Erschließung von neuen Erfolgspotenzialen herangezogen wird, bezieht das operative Controlling die verbindlichen Vorgaben des strategischen Controllings mit ein und gewährleistet die Zielrealisierung und die Zielerreichungskontrolle. Die zwei Elemente stehen also in engem Bezug zueinander und ergänzen sich gegenseitig. Um operative und strategische Ziele in optimaler Weise verknüpfen zu können, dient die sogenannte Balanced Scorecard als Controlling-Instrument, das alle Ebenen integriert.[9]

Das strategische Controlling dient hauptsächlich zur Unterstützung des strategischen Managements für die Sicherung und Weiterentwicklung von bestehenden Erfolgspotenzialen sowie der Erschließung neuer. Es nimmt Controllingaufgaben wahr, die die strategische Planung und Kontrolle mit der strategischen Informationsversorgung verknüpfen und stellt somit eine umsetzende Funktion von der strategischen Planung zum strategischem Management dar. Aufgrund dessen besteht eine enge Verbindung des strategischen Controllings zur

---

[8]Vgl. Born (2017), S. 37, Colsman (2016), S. 39, Horváth et al. (2015), S. 25, Temmel (2011), S. 1 f.
[9]Vgl. Graumann (2014), S. 18, 20.

Abb. 2.2 Schnittstelle des
strategischen Controllings.
(Quelle: In Anlehnung an
Alter (2014), S. 38)

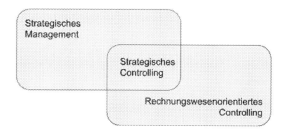

Führungsebene des Unternehmens. Die Aufgabe des strategischen Controllings ist die Bewertung strategischer Handlungsalternativen, wie die Standortwahl oder die Wahl neuer Märkte und Produkte. Es ist daher langfristig orientiert und weist einen Planungshorizont von drei bis fünf Jahren auf. Das strategische Controlling zielt auf den langfristigen Markterfolg und beschäftigt sich mit nicht leicht zu bestimmenden externen Faktoren, z. B. Kundenanforderungen oder das Verhalten der Wettbewerber. Es bedient sich Methoden zur Analyse gegenwärtiger Potenziale anhand von Markt- und Wettbewerbsanalysen sowie Methoden, die auf die Entwicklung zukünftiger Strategien ausgerichtet sind, wie bspw. die Produktlebenszyklusplanung. Im Rahmen der Frühaufklärung ist die Aufgabe des strategischen Controllings, aus diesen zukünftigen Entwicklungen darauf abgestimmte Strategieideen zu entwickeln. Der Leitsatz im strategischen Controlling lautet „to do the right things", was übersetzt bedeutet „die richtigen Dinge tun". Das strategische Controlling legt daher hauptsächlich Wert auf die Effektivität, d. h. wie nahe das Ist-Ergebnis dem Soll-Ergebnis gekommen ist. Die Zielgrößen des strategischen Controllings beziehen sich folglich darauf, die Existenz des Unternehmens und zukünftige Erfolgspotenziale zu sichern, also auf den Gewinn und die Liquidität von „morgen". Wie in Abb. 2.2 erkennbar, stellt das strategische Controlling die Verbindung zwischen dem strategischen Management und dem klassischen rechnungswesensorientierten Controlling dar.[10]

Im Gegensatz zum strategischen Controlling lautet der Leitsatz im operativen Controlling „to do the things right", also „die Dinge richtig tun". Dieser Teil des Controllings beschäftigt sich mit der Effizienz, der Beurteilung, ob eine Maßnahme geeignet ist, unter der Wahrung wirtschaftlicher Aspekte ein übergeordnetes Ziel zu erreichen. Die Zielgrößen im operativen Controlling sind

---

[10]Vgl. Alter (2011), S. 34 f., 36, Graumann (2014), S. 20 f., 229, Horvath et al. (2015), S. 108 f., Wöbbeking (2014), S. 14.

Merkmal	Strategisches Controlling	Operatives Controlling
Hierarchieebene	Oberste Führungsebene	Mittlere Führungsebene
Orientierung	Extern	Intern
Zeithorizont	Langfristig (3 - 5 Jahre)	Kurz- bis mittelfristig (1-3 Jahre)
Zielgrößen	Existenzsicherung, Erfolgspotential	Wirtschaftlichkeit Gewinn Rentabilität und Liquidität
Methoden	Analyse gegenwärtiger Potenziale und zukünftiger Strategien	Rechnungslegungsorientiert
Leitsatz	"To do the right things"	"To do the things right"

Abb. 2.3 Abgrenzung zwischen strategischem und operativem Controlling. (Quelle: In Anlehnung an Graumann (2014), S. 21)

die Wirtschaftlichkeit, der Gewinn, die Rentabilität und Liquidität von „heute". Das operative Controlling dient dazu, Methoden, Techniken und Informationen für die Planungs- und Kontrollprozesse in Unternehmen bereitzustellen und diese Prozesse zu koordinieren. Seine Informationen bezieht das operative Controlling primär aus internen Unternehmensaspekten und verbindliche Vorgaben des strategischen Controllings bilden den jeweiligen Rahmen. Es bedient sich Methoden wie dem Jahresabschluss, der Kostenrechnung und dem Kostenmanagement. Anders als das strategische Controlling ist das operative Controlling keine Unterstützungsfunktion der oberen Führungsebene, sondern bezieht vor allem die mittlere Führungsebene in seine Prozesse mit ein. Dem operativen Controlling ist ein kurzfristiger bis mittelfristiger Planungszeitraum zuzuordnen, der sich von einem bis zu drei Jahren erstreckt. Es lässt sich mit Kapazitäten des Tagesgeschäfts realisieren.[11] Abb. 2.3 zeigt abschließend einen kurzen, zusammenfassenden Überblick der Unterschiede zwischen operativem und strategischem Controlling.

---

[11]Vgl. Alter (2011), S. 36, Graumann (2014), S. 20 f., Hubert (2019), S. 61, Wördenweber (2015), S. 9.

2.3   Instrumente des Controllings

Kennzahlen bilden die Grundlage für das Performance Measurement, dessen Ziel es ist, die Effektivität und Effizienz der Unternehmensprozesse zu messen und zu bewerten. Dabei ist vorgesehen, dass die Leistungsbewertung gleichsam durch finanzielle und nicht-monetäre Kennzahlen erfolgt. Kennzahlen werden benötigt, um wesentliche Aussagen über quantitative Informationen in verdichteter Form treffen zu können. Mit quantitativen Informationen sind zahlenmäßig erfassbare, betriebswirtschaftliche, vergangene und zukünftige Sachverhalte gemeint. Kennzahlen können in Absolut- und Verhältniszahlen eingeteilt werden. Dabei sind absolute Kennzahlen Einzelwerte oder Summen, wie bspw. Umsatz und Anzahl der Mitarbeiter, die zwar Informationen liefern, aber allein betrachtet keine hohe Aussagekraft haben. Verhältniszahlen stellen relative Zahlen dar, bei denen zwei Absolutkennzahlen miteinander verglichen werden, wie bspw. Umsatz pro Mitarbeiter oder das EBIT auf das eingesetzte Kapital.[12]

Einzelne Kennzahlen sind jedoch oftmals nicht ausreichend, um verschiedene Sachverhalte angemessen bewerten zu können. Aufgrund dessen ist es notwendig, die eingesetzten Kennzahlen in ein Ordnungssystem oder Rechensystem zu überführen, um eine adäquate Bewertbarkeit zu erreichen. Diese Kennzahlensysteme bestehen aus mehreren Kennzahlen, die zueinander in Beziehung gesetzt werden. Die traditionellen Kennzahlensysteme stehen seit den 1980er-Jahren jedoch in der Kritik, da die Leistungsbewertung meist nur anhand monetärer Kennzahlen erfolgt. Monetäre Kennzahlen und Kennzahlensysteme sind Instrumente mit denen hauptsächlich das operative Controlling arbeitet.[13]

Die bekanntesten Kennzahlensysteme sind das DuPont-Kennzahlensystem, das ZVEI-Kennzahlensystem und das RL-Kennzahlensystem. Die Grundüberlegung des DuPont-Kennzahlensystems ist es, dass nicht der maximalste Gewinn als absolute Kennzahl angestrebt wird, sondern die Gesamtrentabilität (ROI) als relative Größe. Deshalb wird dieses Kennzahlensystem auch als „ROI-Kennzahlensystem" bezeichnet. Das System erhält seine Kennzahlen aus dem betrieblichen Rechnungswesen und liefert Abweichungen von der Soll-Planzahl. Der ROI stellt die Spitzenkennzahl des Werttreiberbaumes dar. Auf Ebene zwei dieses Rechensystems steht die Umsatzrendite und der

---

[12]Vgl. Giese (2012), S. 35, 38 f., Kaack (2012), S. 66, Kleindienst (2017), S. 40, 42.
[13]Vgl. Giese (2012), S. 38, Horváth et al. (2015), S. 288, Kleindienst (2017), S. 43, Wördenweber (2015), S. 8.

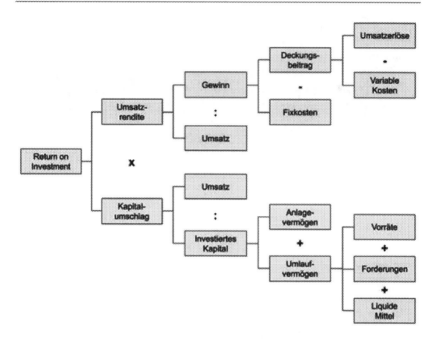

Abb. 2.4 DuPont-Kennzahlensystem. (Quelle: In Anlehnung an Horváth et al. (2015), S. 292)

Kapitalumschlag, welche ebenfalls Verhältniszahlen darstellen. Diese multipliziert miteinander ergeben den ROI. Ab Ebene drei finden sich ausschließlich absolute Kennzahlen wieder. Das Rechensystem wird in mehrere Ebenen untergliedert, um die Haupteinflussfaktoren der Zielgröße herauszufiltern und wird in Abb. 2.4 beispielhaft dargestellt.[14]

Der ROI als Zielkennzahl ist nur für Unternehmensbereiche geeignet, für die sich ein Gewinn ermitteln lässt und ist daher nur schwer auf alle einzelnen Funktionsbereiche eines Unternehmens übertragbar. Diese Spitzenkennzahl misst lediglich die finanzielle Gesundheit eines Unternehmens. Außerdem geht dieses System nur auf Rentabilitätskennzahlen ein und lässt die Liquidität gänzlich

---

[14]Vgl. Giese (2012), S. 41, Gladen (2014), S. 88, Horváth et al. (2015), S. 291 f., Reichmann et al. (2017), S. 82.

außer Acht. Um die Nachteile des DuPont-Kennzahlensystem auszugleichen, sind einige Erweiterungen dieses System entstanden.

Das ZVEI-Kennzahlensystem stellt eine solche Weiterentwicklung des DuPont-Systems dar, indem es im Rahmen seiner Wachstumsanalyse zusätzlich auch absolute Kennzahlen miteinander vergleicht. Die Strukturanalyse gleicht dem Rechensystem von DuPont, jedoch wird als Spitzenkennzahl nicht der ROI verwendet, sondern die Eigenkapitalrentabilität und es ist aufgrund der reichlich hinzukommenden Kennzahlen im Rechensystem von Grund auf komplexer. Dieses System ist eine Mischung aus Ordnungs- und Rechensystem und enthält wie das DuPont-System ebenfalls lediglich Rentabilitätsziele.[15]

Ein Kennzahlensystem, welches auch Liquiditätsziele beachtet, ist das RL-Kennzahlensystem. Dieses System stellt ein reines Ordnungssystem dar und soll mit wenigen, dafür hochverdichteten Kennzahlen der Geschäftsführung als Analyse- und Steuerungsinstrument dienen.[16]

Die vorgestellten traditionellen Kennzahlensysteme fokussieren sich ausschließlich auf finanzielle Kennzahlen. Ein weiterer Kritikpunkt ist die Vergangenheitsorientierung der Kennzahlensysteme, da diese nur Auswirkungen der vergangenen Jahre aufzeigen. Außerdem fehlt den traditionellen Kennzahlensystemen oft der Bezug zur Unternehmensstrategie, weshalb sie nicht zur Strategiepräzisierung genutzt werden können. Diese Nachteile führen unter anderem zu einem dysfunktionalem Verhalten der Unternehmensführung, da die Kennzahlensysteme zu einer kurzfristigen Sichtweise verleiten. Die Vernachlässigung von Interessen der Stakeholder ist eine weitere Schwäche der traditionellen Kennzahlensysteme. Speziell aus dieser Kritik entwickelten Kaplan und Norton 1996 die Balanced Scorecard als Instrument zur Überwindung der Distanz zwischen Strategieentwicklung und -umsetzung. Die Balanced Scorecard ist als Werkzeug des strategischen Controllings anzusehen. Sie verknüpft das strategische und operative Controlling. Im strategischen Bereich werden die Ziele der Balanced Scorecard festgelegt und im operativen Bereich konkrete Maßnahmen zur Strategieumsetzung abgeleitet. Da die Balanced Scorecard ein Instrument zur Strategieentwicklung und -analyse ist, besteht eine enge Verbindung des strategischen Controllings zur Unternehmensführung, welche die Unternehmensziele, die Vision und Mission definiert und somit die Rahmenbedingungen für das Unternehmen als auch für die Balanced

---

[15]Vgl. Giese (2012), S. 41, Gladen (2014), S. 87, 91, 95, Kleindienst (2017), S. 45.
[16]Vgl. Gladen (2014), S. 95, Reichmann et al. (2017), S. 86.

Scorecard schafft. Deshalb sollte die Balanced Scorecard stets unternehmens-individuell und unter Mitwirkung des normativen Managements definiert werden. Die strategischen Ziele werden dann auf die finanziellen und nicht-finanziellen Dimensionen der Balanced Scorecard heruntergebrochen. Mit der Ergänzung um nicht-finanzielle Perspektiven soll die Sicht auf die Unternehmen breiter und vollständiger werden. Zumeist werden die vier Dimensionen Finanz-, Prozess-, Potenzial- und Kundenperspektive verwendet. Die Finanzperspektive stellt sich der Frage, wie die Kapitalgeber das Unternehmen sehen. Diese Dimension spiegelt die Erwartungen der Gesellschafter an das finanzielle Ergebnis wider. Zur Messung des Ergebnisses werden Rentabilitäts- und Wachstumskennzahlen und der Unternehmenswert herangezogen. Sie beurteilen, ob die angestrebte Strategie zu einer tatsächlichen Verbesserung des Ergebnisses führt. Die Kunden-perspektive beschäftigt sich mit der Sicht der Kunden. In diesem Part werden die Kunden- und Marktsegmente des Unternehmens betrachtet. Die Fragestellung des Managements ist, wie sich das Unternehmen vor den Kunden präsentiert. Gemessen wird die Leistung durch Kennzahlen, die sich auf die Zeit, Qualität, Produktleistung, Preis und Service beziehen. Die Identifikation von kritischen internen Prozessen mit anschließender Optimierung ist das Ideal der Prozess-perspektive. Nur durch eine ständige Verbesserung der Prozesse lassen sich Teilhaber und Kunden zufriedenstellen. Vor allem die Kundenzufriedenheit hat einen wesentlichen Einfluss auf die Kundentreue. Die Kennzahlen dieser Dimension betreffen Zykluszeiten, Qualität, Fertigungszeiten des Personals und die Produktivität. Die vierte Dimension, die Potenzialperspektive, beschreibt die Wandlungs- und Verbesserungsfähigkeit des Unternehmens, um die individuelle Vision zu erreichen. Messgrößen hierfür sind bspw. das durchschnittliche Alter der Produkte, der Umsatzanteil von Neuprodukten und die Reduzierung der Lieferzeit.[17] Abb. 2.5 zeigt das Grundkonzept der Balanced Scorecard auf.

Die vier Dimensionen stehen in einem Ursache-Wirkungszusammenhang, welcher in Abb. 2.6 dargestellt wird.[18]

Der Prozess der Balanced Scorecard wird von der individuellen Strategie eines Unternehmens bestimmt. Zu den einzelnen Komponenten jeder Strategie

---

[17]Vgl. Giese (2012), S. 42, Graumann (2014), S. 211, 214, 229, Horváth et al. (2015), S. 114 f., Kaack (2012), S. 73, Kleindienst (2017), S. 43–45, 59, Sailer (2017), S. 123.

[18]Vgl. Kaack (2012), S. 73.

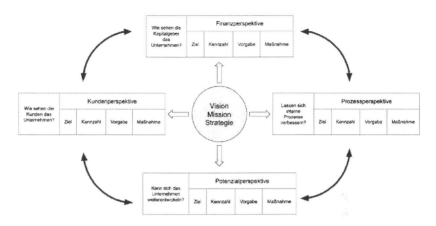

Abb. 2.5 Grundkonzept der Balanced Scorecard. (Quelle: In Anlehnung an Graumann (2014), S. 214)

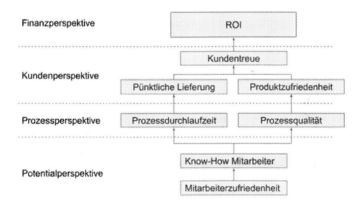

Abb. 2.6 Ursache-Wirkungszusammenhang der Balanced Scorecard. (Quelle: In Anlehnung an Kaack (2012), S. 73)

sollen geeignete und messbare Kennzahlen gebildet werden. Aufgrund ihrer Strategieorientierung erfolgt die Balanced Scorecard in der Regel nach dem Top-Down-Verfahren.[19]

---

[19]Vgl. Graumann (2014), S. 229, Kaack (2012), S. 74.

2.4   Einführung in das Nachhaltigkeitscontrolling

Wie beim traditionellen Controlling, welches die grundlegende Aufgabe hat, entscheidungsrelevante Informationen des Unternehmens aufzubereiten und zu analysieren, um den Informationsempfängern die Entscheidungsfindung zu erleichtern, greift diese Aufgabe ebenfalls für das Nachhaltigkeitscontrolling. Der herausfordernde Unterschied zum klassischen Controlling besteht darin, die drei Dimensionen der Nachhaltigkeit – ökonomisch, ökologisch und sozial – in das bestehende Controllingkonzept zu integrieren.[20]

Der Controller ist neben seiner Funktion als Finanzspezialist auch der Business Partner der Unternehmensführung, wodurch die Nachhaltigkeitsthematik zusätzlich verstärkt wird. Das Nachhaltigkeitscontrolling stellt also lediglich eine Weiterentwicklung des traditionellen Controllings dar, um die Unternehmensführung bei der Herausforderung der Integration nachhaltiger Aspekte zu unterstützen. Das Prinzip der Nachhaltigkeit sollte sowohl Teil der operativen als auch der strategischen Unternehmensführung sein. Basierend auf diesem Ansatz ist das Nachhaltigkeitscontrolling eine Schnittstelle bzw. eine unterstützende Abteilung, deren Hauptaufgabe in der Werthaltigkeitsprüfung der Unternehmensstrategie und der daraus abgeleiteten Einzelmaßnahmen liegt. Es hat die Aufgabe, einen langfristigen Wertzuwachs zu generieren, um die Existenz des Unternehmens zukünftig zu sichern.[21] Nachhaltigkeitscontrolling kann, wie in Abb. 2.7 dargestellt, in den ganzheitlichen Managementprozess eingeordnet werden.

Angesichts der Berücksichtigung aller drei Dimensionen der Nachhaltigkeit in das Nachhaltigkeitscontrolling, ist dieses vom oftmals falsch verwendeten Begriff „Green Controlling" abzugrenzen. Green Controlling betrachtet nur den ökologischen Aspekt und stellt somit nur einen Teilbereich des Nachhaltigkeitscontrollings dar. Deshalb kann nach Colsman auch von einem „Colorful Controlling" die Rede sein, wenn von Nachhaltigkeitscontrolling gesprochen wird.[22]

Neben dem Generieren interner Informationen für die nachhaltige Unternehmensführung ist eine weitere Aufgabe des Nachhaltigkeitscontrollings die Nachhaltigkeitsberichterstattung, welche nicht-finanzielle Informationen

---

[20]Vgl. Colsman (2016), S. 46, Lachmann et al. (2017), S. 130.

[21]Vgl. Colsman (2016), S. 46, Horváth/Gleich (2013), S. 23, Lachmann et al. (2016), S. 127, 129.

[22]Vgl. Colsman (2016), S. 46, Horváth/Berlin (2016), S. 27.

Abb. 2.7 Einordnung des Nachhaltigkeitscontrollings. (Quelle: In Anlehnung an Günther et al. (2016), S. 8)

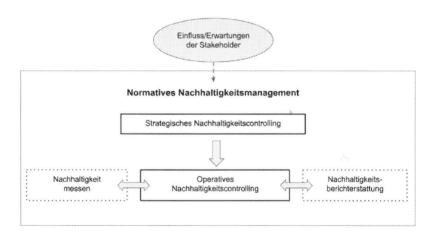

Abb. 2.8 Umsetzung des Nachhaltigkeitscontrollings. (Quelle: In Anlehnung an Sailer (2017), S. 49)

der Öffentlichkeit preisgibt. Die Berichterstattung ist nötig aufgrund neuer Richtlinien und Erwartungshaltungen der Stakeholder.[23] Einen Ansatz, Nachhaltigkeitscontrolling umzusetzen, liefern Abb. 2.8 sowie die nachfolgenden Kapitel, welche das Schaubild um detaillierte Erläuterungen ergänzen.

---

[23]Vgl. Lachmann et al. (2017), S. 129, Sailer (2017), S. 265.

Das normative Nachhaltigkeitsmanagement legt die Rahmenbedingungen für ein nachhaltig aufgestelltes Unternehmen fest. Dies gelingt durch eine Formulierung der Vision und Mission mit ökonomischen, ökologischen und auch sozialen Zielvorstellungen. Im strategischen Nachhaltigkeitscontrolling wird anhand geeigneter Instrumente die Strategie des Unternehmens festgelegt und im operativen Nachhaltigkeitscontrolling wird diese Strategie anhand erweiterter Kennzahlensysteme umgesetzt und mittels Kennzahlen gemessen.

Die normative Perspektive des Nachhaltigkeitscontrollings

3

3.1 Einbettung nachhaltiger Aspekte in die Unternehmensvision und -mission

Nachhaltigkeit lediglich im Controlling zu verankern reicht nicht aus, um sich als Unternehmen langfristig nachhaltig aufstellen zu können. Nachhaltigkeit ist ein Thema, welches das ganze Unternehmen betrifft. Aus diesem Grund wird in diesem Kapitel auf das normative Nachhaltigkeitsmanagement eingegangen, dessen Aufgabe es ist, nachhaltige Aspekte in die Vision und Mission des Unternehmens zu integrieren. Die normative Unternehmensführung stellt die oberste Ebene im Managementsystem dar. Hier werden die allgemeinen Ziele, Prinzipien, Normen und Richtlinien des Unternehmens diskutiert und formuliert, um dem Unternehmen die Möglichkeit zu geben, lebensfähig zu sein und sich als Gesamtheit weiterzuentwickeln. Diese übergeordneten Werte und Normen werden als Leitsätze in die Unternehmensmission und -vision transferiert und bilden den Ausgangspunkt für das unternehmerische Handeln sowie das unternehmerische Verhalten.[1]

Eine Vision beschreibt die grundsätzliche Ausrichtung des Unternehmens. Sie gibt Auskunft darüber, was das Unternehmen auf lange Sicht erreichen will und in welche Richtung es sich zukünftig entwickeln möchte. Außerdem gibt die Vision eine Beschreibung der angestrebten Positionierung des Unternehmens und liefert eine Orientierung hinsichtlich unternehmerischer Entscheidungen. Die Mission eines Unternehmens klärt den Daseinszweck. Sie gibt Auskunft

---

[1]Vgl. Bleicher (2011), S. 89, Colsman (2016), S. 55, Sailer (2017), S. 88 f.

© Der/die Herausgeber bzw. der/die Autor(en), exklusiv lizenziert durch Springer Fachmedien Wiesbaden GmbH, ein Teil von Springer Nature 2020
W. Wellbrock et al., *Nachhaltigkeitscontrolling*, essentials,
https://doi.org/10.1007/978-3-658-30700-4_3

darüber, warum es ein Unternehmen überhaupt gibt. Sie legt den Zweck und den Auftrag eines jeden Unternehmens dar und basiert auf den Zielen, Normen und der Verfassung des Unternehmens. Die Mission beschreibt die gesellschaftliche Bestimmung und den Nutzen der eigenen Arbeit für das Unternehmen und die Gesellschaft. Die Vision und Mission werden geprägt von den Vorstellungen, Meinungen und Ideen aller am Unternehmen beteiligten Personen. Das normative Management verfasst daraus zweckorientierte Ziele, die aus den Erwartungen der Gesellschaft und Wirtschaft entstehen. Diese Leitlinien sollte jeder Mitarbeiter eines Unternehmens kennen, verinnerlichen und sich damit identifizieren können. Gleichzeitig müssen sie aber auch vom Management vorgelebt werden. In einer Welt, die von Unsicherheiten geprägt ist, geben sie dem Unternehmen, seinen Mitarbeitern und Führungskräften eine klare Richtlinie zur Orientierung.[2]

Der Ausgangspunkt für eine nachhaltige Unternehmensführung ist es, die Vision und Mission um nachhaltige Aspekte zu ergänzen. Nachhaltiges Management ist langfristig ausgerichtet und vereint alle drei Dimensionen, wobei vor allem soziale und ökologische Herausforderungen aufgegriffen werden sollen. Unternehmen beschreiben somit, welche Rolle sie in der Gesellschaft spielen wollen und nicht nur welche finanziellen Größen im Mittelpunkt stehen. Da die Ebenen normatives, strategisches und operatives Management direkt auf das Prinzip der Nachhaltigkeit übertragen werden können, wird im normativen Nachhaltigkeitsmanagement das Leitbild der Nachhaltigkeit als Vision zugrunde gelegt. Für eine optimale Einführung des Nachhaltigkeitsprinzips in das Unternehmen muss vorab die bisherige Ausgangslage analysiert und bewertet werden. Außerdem bieten Stakeholder-Dialoge eine optimale Orientierungshilfe, um deren Wünsche und Erwartungen mit in die nachhaltige Weiterentwicklung des Unternehmens integrieren zu können.[3]

3.2 Der Stakeholder-Dialog

Die Einbindung der Wünsche aller beteiligen Interessensgruppen in die Vision, Mission und somit auch die Strategie kann als Königsdisziplin des Nachhaltigkeitsmanagements angesehen werden. Demnach ist das Vertrauen der Stakeholder

---

[2]Vgl. Alter (2012), S. 9, Balderjahn (2013), S. 82, Bleicher (2011), S. 89, Friedag/Schmidt (2014), S. 18–20, Sailer (2017), S. 89 f.

[3]Vgl. Balderjahn (2013), S. 82, 84, Fifka (2016), S. 95, Sailer (2017), S. 89, 91.

essentiell für den Unternehmenserfolg. Der Grund hierfür ist, dass die Stakeholder das Unternehmen nach außen hin repräsentieren. Heutzutage geben Kunden vor allem mithilfe von Social Media ihre Meinungen über das Unternehmen kund, sowohl positiv als auch negativ. Aber auch andere Stakeholder, wie bspw. Lieferanten und Mitarbeiter, können ihre Erfahrungen, die sie mit Unternehmen gemacht haben, der Öffentlichkeit mitteilen. Dies kann die Unternehmen durchaus negativ beeinflussen.[4]

Der Stakeholder-Dialog stellt ein Instrument dar, um an Informationen der unterschiedlichen Stakeholder zu gelangen. Vor allem für Veränderungen in Sachen Nachhaltigkeit, dient er in Unternehmen als methodischer Ansatz. Neben dem wirtschaftlichen Erfolg rücken Umwelt- und Sozialthemen zunehmend in den Fokus der Öffentlichkeit und gewinnen an Bedeutung. Aufgrund dessen wird die Integration von Meinungen und Kritik der Stakeholder in das normative Nachhaltigkeitsmanagement immer wichtiger, denn durch die Gedanken und Vorstellungen der verschiedenen Interessensgruppen können Handlungsoptionen abgeleitet werden. Der Dialog führt zu einem aktiven Lernprozess und eröffnet neue Chancen und Möglichkeiten für das Unternehmen. Durch das Zusammenbringen der verschiedenen Stakeholdergruppen werden unterschiedliche Perspektiven zusammengetragen, um zukünftige Lösungsansätze zu finden.[5]

Das Einbinden von Stakeholdern in unternehmerische Prozesse führt zu einer sozialeren und umweltbewussteren Entwicklung. Unternehmen gelangen durch den Dialog an Expertenwissen, welches für einen nachhaltigen Fortschritt notwendig ist. Somit können frühzeitig die Chancen und Risiken zukünftiger Handlungsalternativen herausgefunden werden. Dies setzt sowohl bei den Stakeholdern, als auch beim Unternehmen Vertrauen voraus. Dazu zählen vor allem Offenheit und Transparenz. Dies bedeutet, dass Probleme offen angesprochen werden und die Stakeholder über die derzeitige Lage des Unternehmens aufgeklärt sein müssen. Für Problemlösungen sollten sie außerdem Zugang zu allen benötigten Informationen erhalten.[6]

Zu Beginn des Stakeholder-Dialoges werden diejenigen Personen ausgewählt, die für das Unternehmen eine strategische Bedeutung haben und mit denen ein konstruktiver und zielorientierter Dialog stattfinden kann. Dazu können Beteiligte in primäre und sekundäre bzw. interne und externe Stakeholder eingeteilt

---

[4]Vgl. Hilbert (2019), S. 525 f., Laval (2015), S. 205, Sailer (2017), S. 89.
[5]Vgl. Colsman (2016), S. 60, Künkel et al. (2016), S. 5 f., Rhein (2017), S. 8.
[6]Vgl. Colsman (2016), S. 60, Rhein (2017), S. 6, 8.

werden. Primäre Stakeholder sind diejenigen, die essentiell für die eigentliche Wertschöpfung und den Unternehmensfortbestand sind, wie z. B. Aktionäre, Investoren, Kunden, Mitarbeiter und Lieferanten. Sekundäre Stakeholder stellen diejenigen dar, die zwar nicht direkt in die Wertschöpfungskette eines Unternehmens miteingebunden sind, aber die primären Stakeholder auf irgendeine Art und Weise beeinflussen können, wie bspw. Regierungen, Gemeinden und Politik. Aus diesen Gruppen können jeweils noch Untergruppen gebildet werden, die dieselben Interessen vertreten.[7]

Die Durchführung des Dialoges kann letztendlich auf unterschiedliche Arten geschehen. Sie können jährlich oder bei Bedarf in Form von Interviews, Workshops, Fragebögen, mit Diskussion von vorab ausgewählten Handlungsfeldern oder offen über alle Handlungsfelder durchgeführt werden. Im Groben kann außerdem zwischen den Formen Konsultation und Kooperation von Stakeholder-Dialogen gewählt werden. Während konsultative Stakeholder-Dialoge darauf ausgelegt sind, Expertisen, Meinungen und Erfahrungen der beteiligten Gruppen transparent zu integrieren und zu nutzen, zielen kooperative Dialoge auf eine umsetzungsorientierte Zusammenarbeit ab. Die unterschiedlichen Stakeholder-Gruppen werden hier als gleichwertiger Kooperationspartner des Unternehmens angesehen. Welche Form gewählt wird hängt vom jeweiligen Ziel bzw. Anlass des Unternehmens ab.[8]

Der Stakeholder-Dialog wird häufig durchgeführt, wenn Unternehmen eine Verbesserung ihrer Nachhaltigkeit anstreben wollen. Auf Grundlage der unterschiedlichen Stakeholder-Interessen hilft er dabei, Probleme des Unternehmens zu identifizieren und Lösungsansätze zu entwickeln. Außerdem ist der Dialog ein Instrument, um den Stand der Nachhaltigkeitsentwicklung durch Befragungen der relevanten Gruppen von außen prüfen zu können. Der partnerschaftliche Dialog ist ein Prozess, bei dem Unternehmen und Stakeholder durch den Informationsaustausch gegenseitig voneinander lernen.[9]

---

[7]Vgl. Colsman (2016), S. 60, Rhein (2017), S. 3.
[8]Vgl. Künkel et al. (2016), S. 19 f., Sailer (2017), S. 98, 104.
[9]Vgl. Colsman (2016), S. 60, Rhein (2017), S. 7.

Strategisches Nachhaltigkeitscontrolling

4

4.1 Entwicklung einer Nachhaltigkeitsstrategie

Aufgrund des Rollenwandels vom vergangenheitsorientierten Rechnungswesen zum strategieorientierten Controlling rückt die Entwicklung und Implementierung der Strategie und die Leistungsmessung nicht-monetärer Größen weiter in den Vordergrund. Während bei der Strategiefindung der Leitsatz „to do the right things" gilt, sollen auf operativer Ebene die entsprechenden Handlungsfelder richtig umgesetzt werden. Auch mit dem zunehmenden Interesse an Nachhaltigkeit werden Unternehmen mit der Entwicklung von Nachhaltigkeitsstrategien und den damit verbundenen Zielen konfrontiert. Da die Kompetenz für diesen strategischen Schritt bei den Controllern liegt, nehmen sie als Business Partner eine immer wichtiger werdende Funktion neben dem Management ein.[1]

Damit die Vision des Unternehmens erreicht werden kann, muss die Strategie so formuliert sein, dass sie den grundsätzlichen Weg vorgeben kann. Auch die Strategie sollte die Herausforderungen der Nachhaltigkeit miteinbeziehen, wenn Nachhaltigkeitsanforderungen durch den Stakeholder-Dialog in die Vision und Mission integriert werden. Bei der Bildung der Strategie spielt es auch eine große Rolle, die Strategie aus der Vision in entsprechende Indikatoren zu transformieren. Indikatoren sind hierbei messbare Kennzahlen, denen Zielwerte vorgegeben werden können. Priorisierte Themen in messbare Zahlen umzuwandeln, gewährleistet die Planung und Kontrolle dieser. Die Einbindung

---

[1]Vgl. Hartmann et al. (2016), S. 71, Horváth et al. (2015), S. 22, Sailer (2015), S. 106.

© Der/die Herausgeber bzw. der/die Autor(en), exklusiv lizenziert durch Springer Fachmedien Wiesbaden GmbH, ein Teil von Springer Nature 2020
W. Wellbrock et al., *Nachhaltigkeitscontrolling, essentials*,
https://doi.org/10.1007/978-3-658-30700-4_4

nachhaltiger Aspekte in die Strategie bedingt daher einer strategischen Neuaus-richtung. Allerdings ist es nur sinnvoll, wenn die Nachhaltigkeitssteuerung in das bestehende Controlling integriert wird. Das bedeutet, dass die bisherige Unter-nehmensstrategie nicht komplett verändert werden muss, sondern lediglich um Nachhaltigkeitsfaktoren ergänzt wird. Die bisher bekannten Instrumente sind des-halb aus dem strategischen Controlling nicht weg zu denken. Sie werden lediglich um soziale und ökologische Aspekte ergänzt. Ein hilfreiches Instrument hierbei ist eine Weiterentwicklung der Balanced Scorecard, die Sustainable Balanced Scorecard.[2] Nachteilig an der SBCS ist, dass sie die strategische Analyse von Chancen/Risiken und Stärken/Schwächen (SWOT-Analyse) und die Festlegung von strategischen Stoßrichtungen nicht abdeckt. Vor Erstellung einer Sustainable Balanced Scorecard müssen deshalb die strategisch relevanten Handlungsfelder anhand einer Wesentlichkeitsanalyse definiert werden, um die strategischen Stoßrichtungen festzulegen. Außerdem müssen von vornherein die Chancen und Risiken von ökonomischen, ökologischen und sozialen Sachverhalten erstellt werden, um Teilziele formulieren zu können. Zusätzlich sollten Benchmarking-Instrumente zur Hand gezogen werden, um eigene Stärken und Schwächen im Vergleich zur Konkurrenz herausfinden zu können.[3]

Strategische Stoßrichtungen sind nach Sailer grundlegend in zwei Kate-gorien zu unterteilen. Einerseits müssen sich Unternehmen zwingend an diverse Gesetze und interne Regeln der Nachhaltigkeit halten, wie bspw. Grenzwerte bei Umweltverschmutzungen oder Vorgaben in Sachen Arbeitsschutz. Das Ver-folgen dieser Compliance-Strategie ist zwingend einzuhalten, um die Legalität und die Legitimität des unternehmerischen Handelns zu sichern. Die Compliance wird mit einer eigenständigen juristischen Abteilung vollzogen, welche sich mit dem Controlling hinsichtlich der Zielbildung, Planung und Steuerung abstimmt. Andererseits wollen Unternehmen freiwillig ihr nachhaltiges Handeln optimieren. Das bedeutet, dass es keine gesetzlichen Mindestvorgaben gibt, sondern eigene nachhaltige Zielsetzungen definiert werden, die das jeweilige Unternehmen für richtig erachtet. Diese strategische Stoßrichtung kann anhand der Konsistenz-strategie, der Suffizienzstrategie und der Effizienzstrategie vollzogen werden. Verfolgt ein Unternehmen die Effizienzstrategie soll ein vorgegebenes Unter-nehmensziel mit möglichst wenig negativen sozialen und ökologischen

---

[2]Vgl. Colsman (2016), S. 56 f., Hartmann et al. (2016), S. 72, Lachmann et al. (2017), S. 132, Sailer (2017), S. 105 f.
[3]Vgl. Lachmann et al. (2017), S. 133, Mayer/Ahr (2000), S. 679, Sailer (2017), S. 107.

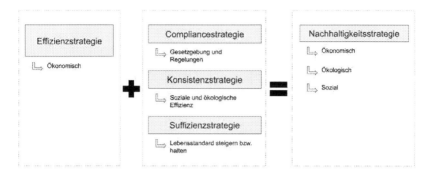

Abb. 4.1 Weg zur nachhaltigen Unternehmensstrategie. (Quelle: In Anlehnung an Sailer (2017), S. 129)

Auswirkungen erreicht werden. Die Umweltwirkung als solches wird bei Managemententscheidungen weniger beachtet. Im Vordergrund steht eher die Kostenreduktion, um den Nutzen des eigenen Unternehmens zu maximieren. Die ökonomisch ausgerichtete Sichtweise steht hier im Mittelpunkt. Der Suffizienz-strategie nachzugehen erweist sich als deutlich nachhaltigeres Verhalten, denn hier wird ein maßvoller Umgang mit ökologischen und sozialen Ressourcen angestrebt ohne den Lebensstandard der Gesellschaft zu verringern. Bei diesem Strategieansatz spielt der Konsum der Gesellschaft eine große Rolle, da Kunden und Märkte den Unternehmen eine Orientierung geben, wie sie handeln sollen. Der Druck der Konsumenten hat einen Einfluss auf das unternehmerische Handeln hinsichtlich ökologischer und sozialer Aspekte. Das wesentliche Problem ist jedoch, dass die Kaufentscheidungen der Konsumenten anhand von Preisen und Funktionalität ausgemacht werden. Die absolute Zielerreichung der gewünschten Nachhaltigkeitsziele steht bei der Konsistenzstrategie im Mittel-punkt. Hier werden solche Maßnahmen ergriffen, um die Bedürfnisse mit mög-lichst wenig Ressourcen bzw. mit regenerativen Ressourcen zu erfüllen. Diese Strategie soll ökonomische, ökologische und soziale Aspekte ausgleichen und neue Potenziale für die unternehmerische Aktivität bereitstellen. Werden alle vier strategischen Stoßrichtungen miteinander verknüpft, erhält das Unternehmen eine Nachhaltigkeitsstrategie (siehe Abb. 4.1).[4]

---

[4]Vgl. Sailer (2017), S. 115 f., 129, 134, Weißenberger-Eibl/Braun (2019), S. 250–252, 255.

Beispiele	Compliance-Strategie	Konsistenz-strategie	Suffizienz-strategie	Effizienz-strategie
Ökonomie	Rechnungslegungs vorschriften, Wettbewerbsrecht	Fokussierung auf Kernkompetenz	Gemeinsame Softwarenutzung, Mitfahrzentralen	Produkt- und Dienstleistungsopti-mierung
Soziales	Arbeitsschutzge-setze, Kinder- und Jugendschutzge-setze	Erhöhung der Ausbildungsplätze, Frauenquote	Verringerungen der Arbeitsbelastung und -zeiten	Verminderung der Arbeitsunfälle, Verringerung Fluktuationsrate
Ökologie	Emissionsvorga-ben und Verbote, Naturschutzge-setze	Verringerung des CO2-, Energie- und Wasserverbrauchs	Geschäftsreisen reduzieren, langlebige Produkte	Verringerung des Ressourcenein-satzes pro Produkt, weniger Benzinverbrauch

Abb. 4.2 Beispiele für strategische Stoßrichtungen nach dem Triple-Bottom-Line-Ansatz. (Quelle: In Anlehnung an Sailer (2017), S. 117)

Ableitend daraus hat das strategische Nachhaltigkeitscontrolling die Aufgabe, der Suffizienz- und Konsistenzstrategie zu folgen und messbare Kennzahlen aus diesen Faktoren zu entwickeln.[5] Abschließend gibt Abb. 4.2 anhand ausgewählter Beispiele einen tabellarischen Überblick strategischer Stoßrichtungen in Verbindung mit dem Triple-Bottom-Line-Ansatz.

4.2   Instrumente des strategischen Nachhaltigkeitscontrollings

Die SWOT-Analyse ist ein Instrument des strategischen Controllings und setzt sich zum einen aus der externen Chancen-Risiken-Analyse und zum anderen aus der internen Stärken-Schwächen-Analyse zusammen. Damit das strategische Nachhaltigkeitscontrolling seiner Aufgabe der langfristigen Existenzsicherung nachkommen kann, wird dieses Instrument zur Strategieentwicklung um ökologische und soziale Faktoren ergänzt.[6]

---

[5]Vgl. Sailer (2017), S. 118.
[6]Vgl. Graumann (2014), S. 89, Sailer (2017), S. 122.

Die Chancen-Risiken-Analyse steht für die Bewertung des Unternehmensumfelds. Für die Integration der Nachhaltigkeit in das strategische Controlling ist es notwendig, Chancen und Risiken aller drei Dimensionen – ökonomisch, ökologisch und sozial – in die bestehenden Methoden einzubinden. So können frühzeitig die Chancen und Risiken nachhaltiger Aspekte erkannt werden. Der Fokus dieser Analyse liegt bei Markt-, Umwelt- und Gesellschaftsthemen. Exemplarisch kann die Zahlungsbereitschaft der Kunden identifiziert, die Nachhaltigkeitsstrategien der Wettbewerber verglichen und die ökologischen und sozialen Mindeststandards der Lieferanten überwacht werden, um daraus unternehmensindividuelle Chancen und Risiken abzuleiten. Risiken könnten bspw. auch Umweltkatastrophen und Ressourcenknappheit darstellen und eine Chance könnte die wachsende Stakeholder-Zufriedenheit sein, da das Unternehmen verantwortungsvoller mit Umwelt und Mitarbeitern umgeht.[7]

Mit der Stärken-Schwächen-Analyse wird die Wettbewerbsposition aus Sicht des Unternehmens bewertet, um einen Vergleich mit der Markt- und Konkurrenzsituation zu schaffen. Dieses Benchmarking-Instrument ist erst nachhaltigkeitsbezogen, wenn das Unternehmen sich nicht nur anhand ökonomischer Kennzahlen misst, sondern die Zielsetzung hat, auch die eigene Nachhaltigkeit ständig mit denen ihrer Wettbewerber zu vergleichen. Dies dient dazu, die Stärken und Schwächen der unternehmenseigenen Nachhaltigkeitsleistung herauszufinden und Potenziale diesbezüglich aufzudecken. Außerdem sollen mithilfe der Stärken-Schwächen-Analyse Nachhaltigkeitsdefizite aufgeklärt werden, um Handlungsoptionen ableiten zu können. Das Ziel ist die Bestimmung der derzeitigen Ist-Situation auf dem Weg zur Nachhaltigkeit. Für die ökologische Dimension können bspw. Ökobilanzen eingesetzt werden. Für die soziale Dimension können Methoden der Umfeldanalyse zur Hand gezogen werden, wie bspw. die Sozialbilanzierung.[8]

Anhand der SWOT-Analyse werden die Chancen und Risiken des Unternehmensumfelds gegenüber den Stärken und Schwächen des Unternehmens beurteilt. Die Verbindung dieser zwei Analysen kann genutzt werden, um strategische Ansätze zu entwickeln, um daraus letztendlich eine Strategie abzuleiten. Der Schwerpunkt der SWOT-Analyse liegt darin, kritische Erfolgsfaktoren herauszufinden und eigene Erfolgsfaktoren mit denen der Konkurrenz zu

---

[7]Vgl. Balderjahn (2013), S. 99 f., Graumann (2014), S. 89, Lachmann et al. (2017), S. 133.
[8]Vgl. Balderjahn (2013), S. 100, Graumann (2014), S. 89, Lachmann et al. (2017), S. 133, Müller (2011), S. 104.

vergleichen. Außerdem werden die internen Stärken und Schwächen ermittelt, um wettbewerbsfähig zu bleiben.[9]

Die Voraussetzung für die Umsetzung nachhaltiger Aspekte stellt die Nachhaltigkeitsstrategie dar. Die Wesentlichkeitsanalyse dient dazu, zentrale Inhalte einer nachhaltig gestalteten Strategie zu verwirklichen. Sie ist unternehmensindividuell durchzuführen und liefert einen Überblick darüber, mit welchen Inhalten und in welchem Maße ökologische und soziale Ziele verfolgt werden sollen. Sie erreicht, dass die Nachhaltigkeitsstrategie auf die Themen fokussiert wird, die für das jeweilige Unternehmen wie auch für ihre Stakeholder relevant sind. Dies setzt einen Stakeholder-Dialog voraus. Übereinstimmende Prioritäten der Stakeholder und des Unternehmens können als wesentliche Themen angesehen werden. Die Ermittlung der wesentlichen Inhalte für die Nachhaltigkeit erfolgt nach einem vierstufigen Prozess. Im ersten Schritt werden all diejenigen Themen gesammelt, die für die Stakeholder und das Unternehmen wichtig sind und auch extern auftreten. Danach werden die Themen im zweiten Punkt nach ihrer Wesentlichkeit gemeinsam mit den Stakeholdern priorisiert. In Schritt drei werden die Themen unter Einbezug der Stakeholder validiert. Schlussendlich wird zur Vorbereitung auf den folgenden Berichtszeitraum, der veröffentlichte Bericht überprüft. Anhand der intern und extern gesammelten Daten wird eine Matrix erstellt und nach den wesentlichen Handlungsfeldern priorisiert.[10] Abb. 4.3 zeigt die Herleitung einer Wesentlichkeitsmatrix.

Die Handlungsfelder, die in Abb. 4.3. rechts oben in der Matrix vorzufinden sind, werden als wesentlich angesehen, da diese die relevanten Handlungsfelder der Stakeholder und des Unternehmens kombinieren. Sie sind der feste Bezugspunkt für die Nachhaltigkeitsstrategie und beeinflussen das operative Nachhaltigkeitscontrolling.[11]

Relevant für die Wesentlichkeitsanalyse ist daher, die Erwartungen der entscheidenden Stakeholder zu kennen sowie vorab die Stärken/Schwächen und Chancen/Risiken herauszufiltern. In Verbindung mit der SWOT-Analyse kann hiermit eine angemessene und an die Nachhaltigkeitsanforderungen angepasste Strategie entwickelt werden.[12]

---

[9]Vgl. Graumann (2014), S. 90, Sailer (2017), S. 121.

[10]Vgl. Hilbert (2019), S. 538, Lachmann et al. (2017), S. 133, Sailer (2017), S. 107 f., 115, Weber/Schäffer (2016), S. 46 f.

[11]Vgl. Sailer (2017), S. 109

[12]Vgl. Lachmann et al. (2017), S. 133

Abb. 4.3 Herleitung einer Wesentlichkeitsmatrix. (Quelle: In Anlehnung an Sailer (2017), S. 109)

Die Sustainability Balanced Scorecard baut auf der in Abschn. 2.3 vorgestellten Balanced Scorecard auf. Die Balanced Scorecard dient dazu, Unternehmensstrategien in operative Kennzahlen zu übertragen und Maßnahmen umzusetzen. Mithilfe der Sustainability Balanced Scorecard werden zusätzlich ökologische und soziale Größen verwirklicht, um die Nachhaltigkeitsstrategien erfolgreich umsetzen zu können. Aufgrund dessen zählt sie als eine Weiterentwicklung der bekannten Balanced Scorecard und soll den Anforderungen einer nachhaltigen Unternehmenssteuerung gerecht werden. Die vier traditionellen Perspektiven Finanz-, Kunden-, Prozess- und Potenzialperspektive werden um eine fünfte Perspektive, die sogenannte außermarktliche Perspektive, ergänzt. Sie untersucht soziale und ökologische Aspekte hinsichtlich der Wirkung des Unternehmens nach außen und ihrem rechtmäßigen Handeln. Diese Themen stellen für nachhaltig aufgestellte Unternehmen eine hohe Relevanz dar. Deshalb sammelt die Sustainability Balanced Scorecard Faktoren gesellschaftlicher, regulativer und politischer Art, welche unmittelbar und mittelbar Einfluss auf den unternehmerischen Erfolg haben. Stellen Umwelt- und Sozialaspekte eine hohe strategische Relevanz für Unternehmen dar, ist es besonders hilfreich, solch eine fünfte Perspektive in die Balanced Scorecard einzuführen. Mithilfe der fünf Perspektiven werden auch Umwelt- und Sozialthemen systematisch

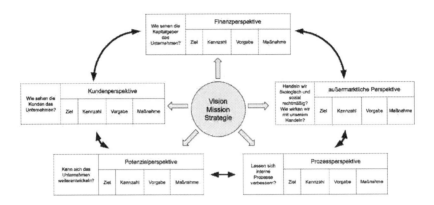

Abb. 4.4 Erweiterte Sustainability Balanced Scorecard. (Quelle: In Anlehnung an Hahn et al. (2002), S. 59)

berücksichtigt und ihre Wirkung auf den unterschiedlichen Märkten aus-gewertet.[13] Abb. 4.4 zeigt eine exemplarische Sustainability Balanced Scorecard.

Ein weiterer Vorteil einer solchen Darstellungsweise ist, dass durch eine separate Perspektive Nachhaltigkeit im Unternehmen sehr stark berücksichtigt wird. Dieser Vorteil kann allerdings auch als Nachteil ausgelegt werden, da durch die Isolierung von Umwelt- und Sozialthemen, Nachhaltigkeit im Unternehmen als Sonderaufgabe angesehen werden kann, für die sich kaum jemand verantwortlich fühlt. Deshalb schlägt Sailer eine weitere Variante vor, wie eine Sustainability Balanced Scorecard aufgebaut werden kann. Innerhalb der vier bekannten Perspektiven der Balanced Scorecard werden neben den öko-nomischen Zielen auch soziale und ökologische Ziele formuliert und mit Kenn-zahlen und durchzuführender Maßnahmen versehen. Dieser integrative Ansatz stellt einen wesentlichen Erfolgsfaktor für das Nachhaltigkeitscontrolling dar, da mit wenig Aufwand die bestehende Balanced Scorecard zu einer Sustainability Balanced Scorecard erweitert werden kann. Dies setzt natürlich das Vorhanden-sein einer Balanced Scorecard im Unternehmen voraus.[14] Abb. 4.5 zeigt beispiel-haft eine integrierte Sustainability Balanced Scorecard.

---

[13]Vgl. Colsman (2016), S. 66, Hahn et al. (2002), S. 58, Sailer (2017), S. 123, Schaltegger (2016), S. 61 f., Zvezdov/Schaltegger (2012), S. 276.
[14]Vgl. Hahn et al. (2002), S. 60, Sailer (2017), S. 123 f.

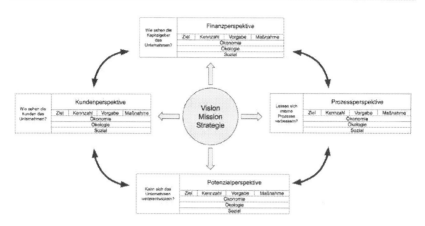

Abb. 4.5 Schaubild einer integrierten Sustainability Balanced Scorecard. (Quelle: In Anlehnung an Sailer (2017), S. 124)

Der wesentliche Vorteil dieser Variante ist, dass ökologische und soziale Aspekte nicht als getrennte Aufgabe angesehen werden und sich so jeder für das Thema Nachhaltigkeit verantwortlich fühlt. Ob Finanz-, Kunden-, Prozess- oder Potenzialperspektive, in jeder Dimension wird der Triple-Bottom-Line-Ansatz beachtet. Dies bedeutet, dass jeweils ökonomische, ökologische und soziale Ziele ausgewählt werden und dafür geeignete Kennzahlen und Maßnahmen definiert werden, um die Zielvorgaben zu erreichen.[15] Abb. 4.6 zeigt beispielhafte Ziele einer integrierten Sustainability Balanced Scorecard.

Mithilfe der hergeleiteten Hauptfaktoren der Sustainabilty Balanced Scorecard soll ein operativer Controlling-Prozess geschaffen werden, um die Zielerreichung optimal steuern und sichern zu können. Da die Sustainability Balanced Scorecard entsprechende Ziele, Kennzahlen und Maßnahmen beinhaltet, kann sie als Ausgangspunkt für ein integriertes operatives Controlling angesehen werden. Die Herausforderung besteht darin, ökologische und soziale Kennzahlen zu ermitteln, da ökologische und soziale Maßnahmen teilweise nicht in monetären Kennzahlen ausgedrückt werden können. Zu beachten ist allerdings, dass jedes Unternehmen individuelle Ziele in der Sustainability Balanced Scorecard festlegen muss, die

---

[15]Vgl. Hahn et al. (2002), S. 57, Sailer (2017), S. 125.

	Finanz- perspektive	Kunden- perspektive	Prozess- perspektive	Potential- perspektive
Ökonomie	Rentabilitäten, Cash Flow	Kundenbindung, Kundenzufrieden- heit	Produktivität, Durchlaufzeit	Mitarbeiterzufrieden- heit und -qualifikation
Soziales	Freiwillige Sozialleistungen, Gewinnbeteiligung	Produktsicherheit, Produktgewähr- leistungen	Verbesserung Arbeitsbedingungen, Vermeidung Arbeitsunfälle	Aus- und Weiterbildungen, Mitbestimmung
Ökologie	Umweltschutz- investitionen, Umweltabgaben	Recycling, Rücknahme	Energie- und Stoffströme, Ressourceneffizienz	Umweltausgerichtete Mitarbeiterschul- ungen

Abb. 4.6 Mögliche Ziele einer integrierten Sustainability Balanced Scorecard. (Quelle: In Anlehnung an Arnold et al. (2003), S. 396)

mit der Vision und Strategie harmonieren. Zusammen mit der Operationalisierung der Vision und Strategie schließt sich der Kreis zum Stakeholder-Dialog und der Wesentlichkeitsanalyse.[16]

---

[16]Vgl. Colsman (2016), S. 67, Hahn et al. (2002), S. 57, Sailer (2017), S. 125, Zvezdov/ Schaltegger (2012), S. 276.

Operatives Nachhaltigkeitscontrolling 5

5.1 Integration der Nachhaltigkeit in den operativen Controlling-Prozess

Wie aus Abschn. 2.2 bekannt, koordiniert das operative Controlling die Planungs-
und Kontrollprozesse des Unternehmens anhand verschiedener Methoden,
Techniken und Informationen zur Verwirklichung der Unternehmensziele. Für die
adäquate Informationsversorgung des Managements dienen insbesondere Kennzahlen. Damit die operative Tätigkeit überhaupt messbar gemacht werden kann,
gilt es, geeignete Kennzahlen und Indikatoren zu definieren.[1]

Das operative Nachhaltigkeitscontrolling hat ebenfalls die Aufgabe, nachhaltige Ziele und Maßnahmen zu planen, sowie die Zielerreichung und Ziel-
abweichungen zu messen und zu analysieren. Die Vision und die Strategie
dienen dabei als Rahmengebilde. Auch im operativen Nachhaltigkeitscontrolling
stellen Kennzahlen und Kennzahlensysteme die wichtigsten Instrumente dar. Sie
erleichtern das Ableiten von Zielen und ermöglichen wirkungsvolle Kontrollen.
Durch die Verdichtung der Informationen mittels Kennzahlen lassen sich die
Leistungen eines nachhaltigen Wirtschaftens messbar und vergleichbar machen.
Unter Beachtung des Triple-Bottom-Ansatzes sollen auch hier die ökonomische,
ökologische und soziale Dimension differenziert werden, um nachhaltige Kennzahlen zu erhalten. Diese haben die Funktion, die Ziele des nachhaltigen
Wirtschaftens abzuleiten, die Leistungen des nachhaltigen Managements zu
bewerten und Transparenz nach innen und außen zu schaffen. Außerdem stellen

---

[1]Vgl. Horváth (2015), S. 286, Lachmann et al. (2017), S. 134, Wördenweber (2015), S. 9.

sie die Veränderungen relevanter Größen dar und dienen als Kommunikations-
grundlage für die Nachhaltigkeitsberichtserstattung. Neben den klassischen
finanziellen Kennzahlen werden Umweltkennzahlen, die die Qualität der
Umweltleistungen eines Unternehmens zeigen und Sozialkennzahlen, die die
Qualität der Sozialleistungen verdeutlichen, verwendet.[2]
    Auch in die Kennzahlensysteme eines Unternehmens sollten Sozial- und
Umweltziele integriert werden, um die wesentlichen Werttreiber zu ermitteln,
die zur Erreichung der unternehmenseigenen Ziele dienen. Zur Gestaltung eines
qualitativen Kennzahlensystems sind diejenigen Kennzahlen auszuwählen,
die von wesentlicher Bedeutung für das Unternehmen sind. Bspw. kann, wie in
Abschn. 2.3 angeschnitten, das DuPont-Kennzahlensystem zur Hand gezogen
werden. Dieses wird um ökologische und soziale Kennzahlen erweitert und die
bisherige ökonomische Spitzenkennzahl ROI wird durch Sustainable Value
ersetzt. Dieser Wert drückt in einer einzigen integrierten monetären Kennzahl
die gesamte Nachhaltigkeit eines Unternehmens aus und misst somit den nachhaltigen Einsatz ökonomischer, ökologischer und sozialer Ressourcen. Da
aber viele Abhängigkeiten und Rückkopplungen zwischen den Dimensionen
bestehen wird aus einem linearen Kennzahlensystem ein dynamisches
Ursache-Wirkungsnetz. Aufgrund dieses komplexen Systems ist es von Vorteil,
eine computergestützte Modellierungssoftware zu verwenden. Der Sustainable
Value ist zwar leicht zu kommunizieren und zu vergleichen, allerdings kommen
durch die Verdichtung dieser Kennzahl möglicherweise Informationen abhanden.
Da diese Kennzahl alleinstehend keine hohe Aussagekraft besitzt, müssen
außerdem entsprechende Konkurrenzunternehmen gefunden werden, mit denen
die Kennzahl verglichen werden kann, um ableiten zu können, wie das Unternehmen in seiner Branche abschneidet. Dies setzt allerdings voraus, dass alle
Wettbewerber den Sustainable Value als Maßstab verwenden.[3] Abb. 5.1 zeigt
beispielhaft ein erweitertes Kennzahlensystem mit dem Sustainable Value als
Spitzenkennzahl.
    Die Herausforderungen, die Umwelt- und Sozialkennzahlen mit sich bringen,
sind, dass sie teilweise nicht leicht messbar und bestimmbar sind. Deshalb ist es
von Vorteil, diese Kennzahlen durch Indikatorsysteme zu ergänzen. Eine Methode

---

[2]Vgl. Balderjahn (2013), S. 117 f., Colsman (2016), S. 61 f., Lachmann et al. (2017),
S. 134, Sailer (2017), S. 219.
[3]Vgl. Colsman (2016), S. 62, Krause (2016), S. 143, Müller (2011), S. 135, Sailer (2017),
S. 211, 220.

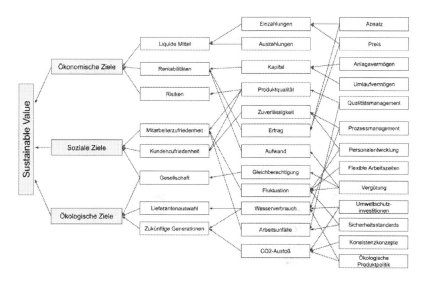

Abb. 5.1 Erweitertes Kennzahlensystem nach dem Triple-Bottom-Line-Ansatz. (Quelle: In Anlehnung an Sailer (2017), S. 221)

im Bereich der Nachhaltigkeit, wo Kennzahlen, Indikatoren und Zusammenhänge gemeinsam abgebildet werden, stellt die Sustainability Balanced Scorecard dar.[4]

Das operative Nachhaltigkeitscontrolling soll allerdings nicht als separate Abteilung im Unternehmen angesehen werden. Auch hier ist eine Anpassung und Erweiterung des traditionellen Controllings vorgesehen, um auch die ökologischen und sozialen Ziele erreichen zu können. Dafür sind unternehmensindividuelle und nachhaltige Messkonzepte und Kennzahlen auszuwählen. Diese müssen mit der Vision und der Strategie stimmig sein.[5] Aufgrund der Entwicklung zahlreicher ökologischer und sozialer Messkonzepte zur operativen Steuerung der Nachhaltigkeit wird im nächsten Kapitel nur auf die bekanntesten Kennzahlen bzw. Messkonzepte eingegangen.

---

[4]Vgl. Colsman (2016), S. 62.
[5]Vgl. Sailer (2017), S. 219 f.

5.2   Messkonzepte und Kennzahlen nach dem Triple-Bottom-Line-Ansatz

Ökonomisch ausgerichtete Kennzahlen zu messen und zu analysieren, ist im Controlling nicht als neue Aufgabe anzusehen. Die wesentlichen Datengrundlagen für das Controlling liefert das betriebliche Rechnungswesen. Traditionelle Steuergrößen, wie der Gewinn, das Eigenkapital oder der ROI, weisen aber einige Nachteile auf. Die Kritik liegt in ihrer vergangenheitsorientierten, einperiodischen und rein finanzorientierten Betrachtungsweise. Außerdem lassen sich keine Aussagen über die Zukunftsfähigkeit, Verbesserungspotenziale und die Strategieumsetzung treffen und Risiken werden nicht einbezogen. Zusätzlich berücksichtigen klassische Kennzahlen nicht die Renditeerwartung der Anteilseigner. Eine bekannte Kennzahl, die den Zuwachs des Unternehmenswertes misst und somit die Shareholder in den Mittelpunkt rückt, ist der Economic Value Added (EVA). Dieser misst den ökonomischen Gewinn eines Unternehmens, der als Übergewinn größer als eine vergleichbare Mindestverzinsung ist. Diese wertorientierte Steuerung dient dazu, dass Unternehmen den Anspruch ihrer Eigenkapitalgeber auf eine ausreichende und risikoadäquate Verzinsung in Form der Alternativanlagen am Kapitalmarkt gerecht werden. Dies behebt vor allem die Kritikpunkte der Vergangenheitsorientierung, der Einperiodenbetrachtung und der Nicht-Berücksichtigung von Risiken.[6]

Das allgemeine Problem dieser Kennzahlen ist, dass sie in der heutigen Zeit kaum noch den Interessen der gesamten Stakeholder entsprechen. Diese sehen die Steigerung des Unternehmenswertes nur als kurzfristigen Erfolg an und werfen ihrem Unternehmen somit vor, nicht nachhaltig zu agieren. Da die Stakeholder das Unternehmen nach außen hin repräsentieren, ist das Vertrauen der Stakeholder essentiell für den Unternehmenserfolg. Daher ist ein Umdenken bei der Messung von rein finanziellen Kennzahlen notwendig. Neben der Messung des finanziellen Unternehmenserfolgs sollte auch hier dem Stakeholder-Ansatz gefolgt werden.[7]

Dieses Problem wird bereits von den bekannten Instrumenten, der Balanced Scorecard und der Sustainability Balanced Scorecard, behoben. Die Ergänzung von nicht-finanziellen Perspektiven vervollständigt und verbreitert die Sicht eines

---

[6]Vgl. Bakhaya (2015), S. 23, Graumann (2014), S. 249, Horváth et al. (2015), S. 53 f., 210, Krause (2016), S. 127 f., Schwarzmaier (2015), S. 76.

[7]Vgl. Hilbert (2019), S. 525 f., Sailer (2017), S. 204.

Unternehmens, wodurch eine Ausgewogenheit zu den Interessen der Stakeholder und den Anteilseignern des Unternehmens entsteht. Besonders in der Kunden- und Potenzialperspektive werden im ökonomischen Part die Kunden- und Mitarbeiterzufriedenheit als Maßstab gesetzt. Um bspw. die Mitarbeiterzufriedenheit zu messen, werden diese anhand einer Skala zu verschiedenen Stellschrauben im Unternehmen, welche unterschiedlich gewichtet werden, befragt. Daraus wird eine Durchschnittsgröße ermittelt, die durch den Maximalwert der Zufriedenheit geteilt wird, um einen prozentualen Wert zu erhalten, welcher als Maßgröße dient, die Mitarbeitererwartungen zu integrieren. Das Vorgehen zur Kundenbefragung kann als identisch angesehen werden, jedoch werden Sachverhalte befragt, die aus Kundensicht relevant sind, wie bspw. die Qualität der Produkte, das Preisniveau oder die Freundlichkeit des Verkaufspersonals. Aus diesen Befragungen können sich auch Maßnahmen für die vorab definierten Ziele der Prozessperspektive der Balanced Scorecard ableiten lassen, um die internen Prozesse verbessern zu können, welche aus Sicht der Kunden und Mitarbeiter Lücken aufweisen.[8]

Solche Maßnahmen alleine machen noch kein nachhaltiges Unternehmen aus und stellen auch kein neuartiges Verfahren dar, um Handlungsempfehlungen zu analysieren und abzuleiten. Deshalb werden für die Steigerung der Nachhaltigkeit des gesamten Unternehmens im Folgenden ökologische und soziale Messkonzepte und Kennzahlen betrachtet. Diese müssen durch ein ergänzend eingeführtes, nachhaltigkeitsorientiertes Rechnungswesen gemessen werden, welches unterteilt ist in das Umweltrechnungswesen und das Sozialrechnungswesen.[9]

Ein Messkonzept, das ökologische Aspekte mit ökonomischen Größen verknüpft, ist die Ökoeffizienzanalyse, die von dem Chemieunternehmen BASF erstmalig entwickelt wurde. Der Hintergedanke dieser Methode ist, die Umweltauswirkungen eines Produktes oder einer Dienstleistung über ihren gesamten Lebenszyklus zu senken. Die Betrachtung eines Produktes erstreckt sich dabei von der Entnahme des Rohstoffes über den Energie- und Wasserverbrauch sowie ausgeschiedener Emissionen bis hin zur Entsorgungsweise. Neben der ökologischen Sichtweise werden außerdem die ökonomischen Kostentreiber ermittelt, wie bspw. Energiekosten, Wartungen und Umweltschutzkosten. Hierbei werden die Vor- und Nachteile unterschiedlicher Alternativen miteinander verglichen. Die Ausrichtung erfolgt dabei stets anhand des Kundennutzens.

---

[8]Vgl. Horváth et al. (2015), S. 115, Krause (2016), S. 162, 333 f.
[9]Vgl. Sailer (2017), S. 155.

Da die Ökoeffizienz eine Kennzahl darstellt, welche den wirtschaftlichen Wert in Bezug zu seiner Umweltbelastung misst, handelt ein Unternehmen ökoeffizient, wenn dieser wirtschaftliche Wert eine möglichst geringe Belastung der Umwelt mit sich bringt. Die Ökoeffizienzanalyse stellt ein Instrument dar, um ganzheitlich vergleichende Beurteilungen über Produkte und Prozesse im Unternehmen abbilden zu können. Dies ist hilfreich bei der Identifikation von Verbesserungspotenzialen, Produktvermarktungen und strategischen Entscheidungsprozessen. Da die Analyse einen relativen Vergleich darstellt, kann die Ökoeffizienz niemals nur für ein einzelnes Produkt oder eine einzelne Dienstleistung ermittelt werden. Der Controller kann in diesem Fall keine Aussage darüber treffen, ob die Kennzahl gut oder schlecht ist. Außerdem kann mit dieser Analysemethode lediglich die Effizienz beurteilt werden, nicht aber die Konsistenz, da nur die relativ beste Variante gewählt wird, aber nicht beurteilt werden kann, ob sie auch absolut gesehen optimal ist.[10]

Ökologische Kennzahlen erhält das operative Controlling mithilfe eines Umweltrechnungswesens. Der Unterschied zum traditionellen Rechnungswesen ist, dass den Kosten keine Erträge gegenübergestellt werden, sondern lediglich umweltbezogene Kosten aufgegliedert sind. Dies können bspw. Umweltschutzinvestitionen, Umweltabgaben, CO_2-Emissionen oder Abfall- und Recyclingkosten sein. Umwelteinwirkungen, die vom Unternehmen selbst verursacht werden, sollen nach Art und Umfang aufgegliedert werden, um ihre Entstehung und ihren Einfluss erkennbar zu machen und eine Zuordnung zu den Produkten bzw. Dienstleistungen zu ermöglichen. Dadurch wird Transparenz geschaffen und die Umweltbelastungen können besser analysiert, gesteuert und kontrolliert werden.[11]

Die Öko-Bilanz stellt ebenfalls ein Instrument dar, um die ökologische Nachhaltigkeit zu messen und zu analysieren. Diese baut auf der Energie- und Stoffstromanalyse auf, welche ökologische Input- und Outputgrößen in einer Sachbilanz zusammenfasst. Die Öko-Bilanz ergänzt diese Sachbilanz um potenzielle Umwelteinwirkungen. Das Ziel ist es, ökologische Schwachstellen anhand von Umwelteinwirkungen von Prozessen, Stoffen und Produkten aufzudecken. Eine Saldierung, wie bei der Bilanz des finanzorientierten Rechnungswesens, ist nicht vorgesehen und auch aufgrund der Schwierigkeiten beim Messen und Analysieren solcher Kennzahlen oft nicht möglich. Auch unterliegt

---

[10]Vgl. Colsman (2016), S. 110 f., Kicherer (2003), S. 1051, Sailer (2017), S. 181, 183.
[11]Vgl. Sailer (2017), S. 156.

sie keinen strengen darstellerischen Vorschriften und ist in der Praxis daher unterschiedlich ausgeprägt. Die Öko-Bilanz sollte nicht in einer einzigen Kennzahl zusammengefasst werden, da sonst möglicherweise Informationen verloren gehen. Sie sollte verschiedene ökologische Themenfelder, wie CO_2-Ausstoß, Abfall etc. betrachten, um aussagekräftige Informationen zu erhalten.[12]

Neben dem Messen ökologischer Werte verfestigt sich auch die soziale Dimension zunehmend in Unternehmen. Dies zeigt sich durch die Einführung eines Sozialrechnungswesens, dessen Ziel es ist, negative und positive Auswirkungen unternehmerischen Handelns im Hinblick auf ihre Stakeholder zu identifizieren und deren Ursachen aufzudecken. Um die Kommunikation nach außen zu verbessern und dem nachhaltigen Trend der Gesellschaft zu folgen, können Unternehmen soziale Wirkungsanalysen erstellen. Aufgrund der Anforderungen der Stakeholder an die Nachhaltigkeitsberichterstattung, reicht es nicht mehr aus, eigens definierte, soziale Ziele zu erreichen, sondern diese auch auf ihre soziale Wirkung zu analysieren und zu dokumentieren. Soziale Wirkungen werden durch ein grafisch aufbereitetes Wirkungsmodell identifiziert, indem für die relevanten Stakeholdergruppen einzelne Wirkungsketten abgebildet werden. Im Vordergrund steht hier nicht die Steigerung des Gewinns, sondern die Erfüllung der sozialen Erwartungen der relevanten Stakeholder.[13]

Die Erstellung eines Wirkungsmodells mit Kausalzusammenhängen ist vor allem hilfreich für Projekte bzw. Programme, wie bspw. die Einführung eines Betriebskindergartens. Wird solch ein soziales Projekt in einem Unternehmen eingeführt, können die Wirkungen auf die Stakeholder mithilfe einer logischen Abfolge von Input, Aktivitäten, Output, Outcome und Impact gemessen und analysiert werden. Der Input spiegelt den Einsatz von Ressourcen für das Projekt in finanziellen Mitteln wider. Mithilfe diverser Aktivitäten werden geplante Ziele je Stakeholdergruppe mittels verschiedener Maßnahmen umgesetzt. Der Output stellt das messbare Leistungsergebnis des Projekts dar. Die Wirkungen des Outputs werden im Outcome erfasst. Dies enthält allerdings noch Anteile von Wirkungen, die auch ohne das Projekt eingetreten wären, welche vom Outcome abgezogen werden müssen, um den Impact zu erhalten. Dieser enthält nur noch Wirkungen, die ausschließlich auf das Projekt zurückzuführen sind. Nachdem die Wirkungen identifiziert wurden, werden sie in Geldeinheiten umgerechnet

---

[12]Vgl. Balderjahn (2013), S. 121, Sailer (2017), S. 175, 177.
[13]Vgl. Münscher/Schober (2015), S. 24, Rauscher et al. (2015), S. 41, Sailer (2017), S. 157, 200, Schober/Then (2015), S. 13, 19.

und ihrer Investition gegenübergestellt. Viele soziale Maßnahmen sind gesetzlich nicht gefordert und somit für Unternehmen verzichtbar. Dennoch können soziale Maßnahmen auch vorteilhafte Investitionen darstellen. Dies kann mithilfe der Kennzahl Social Return on Investment (SROI) ermittelt werden. Der SROI misst den gesellschaftlichen Mehrwert sozialer Projekte. Er ist angelehnt an die ökonomische Kennzahl ROI, hat aber eine andere Zielsetzung. Er misst nicht nur die eigene unternehmerische Leistung, sondern auch deren Wirkung auf die Stakeholder. Ursprünglich wurde der SROI für Non-Profit-Organisationen entwickelt. Er lässt sich aber auch auf wirtschaftliche Unternehmen übertragen.[14]

Soziale Wirkungsanalysen berücksichtigen die Wirkungen auf zentrale Stakeholdergruppen des Unternehmens. Aus diesem Grund wird für die Analyse eine Kommunikation mit den relevanten Stakeholdern vorausgesetzt, bspw. in Form eines Stakeholder-Dialogs.[15]

Auch der soziale Bereich kann anhand einer sogenannten Sozialbilanz betrachtet werden. Hier werden zum einen die Aufwendungen des Unternehmens für soziale Leistungen aufgegliedert und zum anderen der Nutzen für die Stakeholder verbal beschrieben. In der Praxis wird sie als Instrument aber kaum angewandt und dient daher eher als Sozialbericht für die Nachhaltigkeitsberichterstattung.[16]

5.3   Nachhaltigkeitsberichterstattung

Das operative Controlling dient dazu, Methoden, Techniken und Informationen für Planungs- und Kontrollprozesse bereitzustellen. Die Informationsversorgung beinhaltet die Datengewinnung sowie die Dokumentation und die Aufbereitung dieser Daten in einer übersichtlichen Form, um die Entscheidungsfindung zukünftiger unternehmerischer Handlungen zu erleichtern. Dies geschieht in Form der Berichterstattung. Üblicherweise wird zwischen internen Berichten, welche dem Management zur Steuerung unternehmerischer Prozesse dienen und externen Berichten, die zur Kommunikation mit den Stakeholdern fungieren, unterschieden.[17]

---

[14]Vgl. Münscher/Schober (2015), S. 24, Rauscher et al. (2015), S. 41, Sailer (2017), S. 199, Schober/Then (2015), S. 8.

[15]Vgl. Sailer (2017), S. 200, Schober/Then (2015), S. 17.

[16]Vgl. Müller (2011), S. 106 f.

[17]Vgl. Fifka (2016), S. 83, Sailer (2017), S. 227, Wördenweber (2015), S. 9.

Mithilfe der Nachhaltigkeitsberichterstattung wird Transparenz über das unternehmerische Handeln geschaffen, um den Stakeholdern zu zeigen, dass neben ökonomischen Sachverhalten auch soziale und ökologische Belange im Unternehmen Beachtung finden. Deshalb wird die Nachhaltigkeitsberichterstattung auch häufig mit der externen Berichterstattung gleichgesetzt. Der Bericht enthält Zahlen, Daten und Fakten zu den vom Unternehmen vorab gesetzten nachhaltigen Zielen und dessen Grad der Zielerreichung. Unternehmen sind in der Gestaltung des Nachhaltigkeitsberichts, aufgrund einer geringen Standardisierung, relativ frei. Dennoch haben die Stakeholder den Anspruch, dass die Informationen im Bericht so transparent wie möglich in Kennzahlen und Fakten ausgedrückt werden. Nur so können die unterschiedlichen Stakeholdergruppen einen tiefergehenden Einblick in das unternehmerische Handeln gewinnen, was die Glaubwürdigkeit des Unternehmens verstärkt. Zur Erhöhung der Glaubwürdigkeit des Berichts gehört ebenso der Einbezug von Dritten, wie Prüfungsgesellschaften, sowie ein selbstkritisches Reflektieren des Unternehmens.[18]

Die Nachhaltigkeitsberichterstattung dient nicht nur als Instrument zur Kommunikation mit den Stakeholdern. Sie unterstützt die Entscheidungsträger auch intern, die eigene ökonomische, ökologische und soziale Leistung zu beurteilen. Das operative Nachhaltigkeitscontrolling hat die Aufgabe, die Nachhaltigkeitsziele in das operative Steuerungs- und Kennzahlensystem einzubeziehen und die Zielerreichung zu messen. Deshalb entscheidet es darüber, welche nachhaltigen Themen relevant sind und im internen Bericht genannt werden.[19]

Eine Orientierung zur Erstellung des Nachhaltigkeitsberichts geben die GRI-Leitlinien. Die Global Reporting Initiative ist eine unabhängige internationale Organisation, die seit 1997 ein Vorreiter für die Nachhaltigkeitsberichterstattung ist. Das Ziel dieser Organisation ist es, eine Unterstützung für die Generierung der Nachhaltigkeitsberichterstattung zu bieten, indem Messkonzepte und Kennzahlen für die soziale und ökologische Dimension vorgestellt werden. Dies geschieht in Form von entsprechenden Leitlinien, die kostenlos zur Verfügung gestellt und kontinuierlich weiterentwickelt werden. Dadurch wird eine Vergleichbarkeit innerhalb der unterschiedlichen Branchen sichergestellt.[20]

---

[18]Vgl. Fifka (2016), S. 83 f., 92, Lehmann et al. (2018), S. 140, Sailer (2017), S. 227, Spethahn et al. (2009), S. 67, Zvezdov/Schaltegger (2012), S. 277.

[19]Vgl. Fifka (2016), S. 84, Reichmann et al. (2017), S. 19, Sailer (2017), S. 228.

[20]Vgl. Kurz/Wild (2015), S. 326, Sailer (2017), S. 52 f.

Fazit

Aufgrund steigender ökologischer und sozialer Belange der Gesellschaft beschäftigt sich dieses Essential damit, wie auch Unternehmen mithilfe der Einführung eines Nachhaltigkeitscontrollings diesen Herausforderungen entgegentreten können. Nachhaltigkeit besteht aus einer ökonomischen, ökologischen und sozialen Dimension, die alle als gleichwertig angesehen werden. Aus betriebswirtschaftlicher Sicht ist diese Gleichwertigkeit jedoch nicht gegeben, da soziale und ökologische Maßnahmen häufig nur dann vollzogen werden, wenn sie das ökonomische Ziel verbessern. Vor allem im Controlling wird die ökonomische Dimension über die soziale und ökologische Dimension gestellt. Die Aufgabengebiete eines Controllers haben sich im Laufe der Jahre umfassend weiterentwickelt. Zentral befassen sie sich mit der Koordination von Planungsprozessen, unterstützen bei der Strategieentwicklung, der operativen Planung und der Berichterstattung. Das Controlling wird nicht mehr nur als kleine Stabstelle gesehen, sondern als Business Partner des Managements. Es bedient sich dabei verschiedener Instrumente, wie Kennzahlen und Kennzahlensysteme, welche einige Schwächen hinsichtlich der Strategieentwicklung und -umsetzung aufweisen. Deshalb wurde die Balanced Scorecard entwickelt, welche aber ökologische und soziale Größen kaum berücksichtigt.[1]

Das Nachhaltigkeitscontrolling ist eine Weiterentwicklung des traditionellen Controllings. Der herausfordernde Unterschied besteht darin, die drei Dimensionen der Nachhaltigkeit möglichst gleichwertig zu integrieren. Da Nachhaltigkeit aber

---

[1]Vgl. Colsman (2016), S. 8, Horváth (2018), S. 41, Horváth et al. (2015), S. 114, Sailer (2017), S. 23, Temmel (2011), S. 1 f.

das gesamte Unternehmen betrifft, wird die Rolle des Controllers als Business
Partner zusätzlich verstärkt, um die Unternehmensführung bei der Integration
nachhaltiger Aspekte zu unterstützen. Das Nachhaltigkeitscontrolling ist deshalb
nicht als Funktions- oder Bereichscontrolling anzusehen, sondern als gesamtunter-
nehmensbezogenes Controlling. Es verfolgt also keinen Selbstzweck, sondern zielt
mit seinen Instrumenten auf eine Unterstützung der Nachhaltigkeitsaktivitäten im
Unternehmen ab und übernimmt den Koordinationsprozess hinsichtlich Planung,
Steuerung und Kontrolle.[2]

   Bevor das Nachhaltigkeitscontrolling seiner Funktion nachkommen kann,
müssen im normativen Management nachhaltige Aspekte in der Vision verankert
werden. Da die Vision geprägt ist von den Vorstellungen, Meinungen und Ideen
aller am Unternehmen beteiligter Personen, sollen die Wünsche dieser, mithilfe eines Stakeholder-Dialogs, integriert werden. Durch den Dialog erlangt
das Unternehmen u. a. Expertenwissen, was zu einer sozialeren und umweltbewussteren Entwicklung führt. Das strategische Nachhaltigkeitscontrolling
bezieht mithilfe verschiedener Instrumente, wie der SWOT-Analyse, der
Wesentlichkeitsanalyse und der Sustainability Balanced Scorecard, nachhaltige
Aspekte in die bisherige Strategie des Unternehmens mit ein. Die bekannte
SWOT-Analyse, die sich aus externen Chancen und Risiken und internen Stärken
und Schwächen zusammensetzt, wird um soziale und ökologische Aspekte
ergänzt. Mithilfe der Wesentlichkeitsanalyse werden die zentralen Handlungsfelder des Unternehmens und der Stakeholder, welche in einer Matrix fest-
gehalten werden, ermittelt. Die Sustainability Balanced Scorecard ist eine
Weiterentwicklung der Balanced Scorecard, die zusätzlich ökologische und
soziale Aspekte berücksichtigt, um die Nachhaltigkeitsstrategie erfolgreich
umzusetzen. Die Unternehmensvision und -strategie dienen als Rahmengebilde
für das operative Nachhaltigkeitscontrolling. Hier werden nachhaltige Ziele und
Maßnahmen geplant sowie die Zielerreichung und -abweichung gemessen und
analysiert. Soziale und ökologische Aspekte werden in Form unterschiedlicher
Kennzahlen und Messkonzepte integriert. Ein nachhaltig ausgerichtetes Unternehmen sollte allerdings auch ökonomische Kennzahlen nicht vernachlässigen.
Dennoch ist es von Vorteil, auch in dieser Dimension dem Stakeholder-Ansatz zu
folgen und zusätzlich zu traditionellen Gewinngrößen anhand der Perspektiven
der Balanced Scorecard andere ökonomische Messkonzepte zu verwirklichen,

---

[2]Vgl. Colsman (2016), S. 46, Graumann (2014), S. 18, Hilbert (2019), S. 529 f., Lachmann
et al. (2017), S. 130.

wie z. B. die Messung der Kunden- und Mitarbeiterzufriedenheit. Kosten für ökologische Nachhaltigkeit, wie bspw. Umweltschutzinvestitionen, Umweltabgaben, CO_2-Emissionen, Abfall- und Recyclingkosten lassen sich zwar aufgliedern, ihnen stehen aber keine Erträge gegenüber. Ein Messkonzept, welches ökologische mit ökonomischen Größen verknüpft ist die Ökoeffizienzanalyse, die ein Produkt über ihren gesamten Lebenszyklus betrachtet. Zur Verbesserung der Kommunikation mit den Stakeholdern können im sozialen Bereich soziale Wirkungsanalysen durchgeführt werden, welche soziale Maßnahmen und deren Wirkung auf die Stakeholder messen. Dies kann exemplarisch mittels der Kennzahl SROI geschehen. Neben der Identifikation und der Analyse von Kennzahlen stellt eine weitere Aufgabe des operativen Controllings die externe und interne Nachhaltigkeitsberichterstattung dar. Der Nachhaltigkeitsbericht gewährt den Stakeholdern einen tiefergehenden Einblick in das unternehmerische Handeln hinsichtlich sozialer und ökologischer Belange. Außerdem unterstützt er die Entscheidungsträger bei der Beurteilung der eigenen sozialen, ökologischen und ökonomischen Leistung.[3]

Aufgrund der gesellschaftlichen Erwartungshaltung hinsichtlich sozialer und ökologischer Belange, geraten Unternehmen unter den ständigen Druck, das eigene Handeln zu reflektieren. Für das Management sowie das Controlling ist es aufgrund der zunehmenden Relevanz von Nachhaltigkeit unumgänglich, sich mit dieser Thematik auseinanderzusetzen. Um strategische Wettbewerbsvorteile generieren zu können, ist die Kommunikation mit den relevanten Stakeholdern zur Formulierung der unternehmerischen Ziele unabdingbar. Nur Unternehmen, die sich dem Dialog mit den Stakeholdern in der Wertschöpfungskette stellen, werden auch erfolgreich sein. Damit sie den gesellschaftlichen Anforderungen gerecht werden können, unterliegen Manager, aber auch Controller der Pflicht, ihre nachhaltigen Kompetenzen durch geeignete Trainings und Maßnahmen zur Personalentwicklung auszugestalten. Gewinn erzielen können auch nachhaltig wirtschaftende Unternehmen, indem sie ihren Unternehmenswert in nicht-finanzieller Hinsicht für diejenigen Kunden, Lieferanten, Partner, etc. steigern, die ihre Produkte und Dienstleistungen nutzen bzw. weiterverarbeiten. Anhand der Überwachung von Produktzyklen zur Identifikation von Einsparpotenzialen eingesetzter Ressourcen sowie der Wirkungsanalyse von sozialen Projekten auf die Stakeholder kann die ökonomische, ökologische und soziale

---

[3]Vgl. Colsman (2016), S. 66, Fifka (2016), S. 84, 92, Hilbert (2019), S. 525, Kicherer (2003), S. 105, Lachmann et al. (2017), S. 133 f., Laval (2015), S. 205, Rhein (2017), S. 8, Sailer (2017), S. 89, 105 f., 122, 156, 199, 219, Schober/Then (2015), S. 19.

Nachhaltigkeit gestärkt werden. Dies führt auch zu einer Erhöhung des Unternehmenswerts für die Stakeholder.[4]

Die zunehmende Dynamisierung des Unternehmensumfelds erfordert, nachhaltige Chancen und Risiken abzuwägen und zu einem strategischen Wettbewerbsvorteil zu verwandeln. Aber noch immer besteht Handlungsbedarf bei nachhaltigen Prozessen durch Sensibilisierung und Bewusstseinsbildung, aber auch bei der konkreten operativen und strategischen Ausgestaltung des Nachhaltigkeitscontrollings. Das Controlling in der Funktion als Business Partner hat die finanzielle Steuerung um ökologische und soziale Aspekte zu ergänzen. Dazu ist es erforderlich, solch eher weiche Themen zu konkretisieren und zu verhärten, damit sie steuerbar werden. Fortschritte können nicht erzielt werden, wenn nur darüber philosophiert wird.[5]

---

[4]Vgl. Horváth/Gleich (2013), S. 25, Lachmann et al. (2017), S. 136f., Kurz/Wild (2015), S. 327, Weber et al. (2010), S. 400.
[5]Vgl. Horváth/Gleich (2013), S. 20, 25, Lachmann et al. (2017), S. 136, Weber et al. (2010), S. 400.

Was Sie aus diesem *essential* mitnehmen können

- Ganzheitliche Betrachtung des Nachhaltigkeitscontrollings auf der normativen, strategischen und operativen Managementebene.
- Normative Verankerung des Nachhaltigkeitsgedankens in der Unternehmensphilosophie.
- Entwicklung einer ganzheitlichen Nachhaltigkeitsstrategie zur langfristigem Steuerung des Unternehmens.
- Entwicklung konkreter Kennzahlen zur Messung der operativen Nachhaltigkeitsleistung im Unternehmen.

Weiterführende Literatur

- Wellbrock, Wanja/Ludin, Daniela (Hrsg.): Nachhaltiges Beschaffungsmanagement. Strategien – Praxisbeispiele – Digitalisierung, Wiesbaden 2019.
- Colsman, Bernhard (2016): Nachhaltigkeitscontrolling. Strategien, Ziele, Umsetzung, 2. Auflage, Wiesbaden 2016.
- Sailer, Ulrich: Nachhaltigkeitscontrolling. 3. Auflage, München 2020.

© Der/die Herausgeber bzw. der/die Autor(en), exklusiv lizenziert durch Springer Fachmedien Wiesbaden GmbH, ein Teil von Springer Nature 2020
W. Wellbrock et al., *Nachhaltigkeitscontrolling*, essentials,
https://doi.org/10.1007/978-3-658-30700-4

Literatur

Ahrend, I. (2019): Geschäftsmodell Nachhaltigkeit: Ökologische und soziale Innovationen als unternehmerische Chance in: Filho, W. L. (Hrsg): Aktuelle Ansätze zur Umsetzung der UN-Nachhaltigkeitsziele, Berlin, S. 43–62.

Alter, R. (2011): Strategisches Controlling. Unterstützung des strategischen Managements, München.

Arnold, W./Freimann, J./Kurz, R. (2003): Sustainable Balanced Scorecard (SBS): Integration von Nachhaltigkeitsaspekten in das BSC-Konzept. Konzept – Erfahrungen – Perspektiven in: Controlling & Management, 47. Jg., Heft 6, S. 391–400.

Bakhaya, Z. (2015): Wertorientierte Unternehmenssteuerung: Konzeption und Einsatzbereiche der wichtigsten Kennzahlen in: Klein, A. (Hrsg.): Unternehmenssteuerung mit Kennzahlen, München, S. 23–42.

Balderjahn, I. (2013): Nachhaltiges Management und Konsumverhalten, Konstanz.

Bleicher, K. (2011): Das Konzept Integriertes Management. Visionen – Missionen – Programme, 8. überarb. und erw. Aufl., Frankfurt/New York.

Born, A. (2017): Controlling: Entscheidungshilfe oder Placebo in: Hoffjan, A./Knauer, T./ Wömpener, A. (Hrsg.): Controlling. Konzeptionen – Instrumente – Anwendungen, Stuttgart, S. 35-44.

Colsman, B. (2016): Nachhaltigkeitscontrolling. Strategien, Ziele, Umsetzung, 2. Aufl., Wiesbaden.

Fifka, M. S. (2016): Nachhaltigkeitsberichterstattung und Controlling – eine natürliche Symbiose in: Günther, E./Steinke, K.-H. (Hrsg.): CSR und Controlling. Unternehmerische Verantwortung als Gestaltungsaufgabe des Controllings, Heidelberg, S. 83–100.

Friedag, H. R./Schmidt, W. (2014): Balanced Scorecard – einfach konsequent. Erfolgreiche Umsetzung in Unternehmen, Freiburg.

Giese, A. (2012): Differenziertes Performance Measurement in Supply Chains, Wiesbaden.

Gladen, W. (2014): Performance Measurement. Controlling mit Kennzahlen, 6., überarb. Aufl., Wiesbaden.

Graumann, M. (2014): Controlling. Begriff, Elemente, Methoden und Schnittstellen, 4. Aufl., Ettenheim.

Günther, E./Endrikat, J./ Günther, T. (2016): CSR im Controlling in: Günther, E./Steinke, K.-H. (Hrsg.): CSR und Controlling. Unternehmerische Verantwortung als Gestaltungsaufgabe des Controllings, Heidelberg, S. 3–22.

Hahn, T./Wagner, M./Figge, F./Schaltegger, S. (2002): Wertorientiertes Nachhaltigkeitsmanagement mit einer Sustainability Balanced Scorecard in: Schaltegger, S./Dyllick, T. (Hrsg.): Nachhaltig managen mit der Balanced Scorecard. Konzept und Fallstudien, o.O., S. 43–94.

Hartmann, F./Maas, K./Perego, P. (2016): Den Wald vor lauter Bäumen nicht sehen: Controller auf der Suche nach Nachhaltigkeit in: Günther, E./Steinke, K.-H. (Hrsg.): CSR und Controlling. Unternehmerische Verantwortung als Gestaltungsaufgabe des Controllings, Heidelberg, S. 55–69.

Hilbert, S. (2019): Nachhaltigkeitscontrolling in: Englert, M/Ternès, A (Hrsg.): Nachhaltiges Management. Nachhaltigkeit als exzellenten Managementansatz entwickeln, Berlin, S. 521–550.

Horváth, P. (2018): Neue Wege der Unternehmensplanung in: Wiesehahn, A./Kißler, M. (Hrsg.): Erfolgreiches Controlling. Theorie, Praxis und Perspektiven, Baden-Baden, S. 41–58.

Horváth, P./Berlin, S. (2016): Green-Controlling-Roadmap – Ansätze in der Unternehmenspraxis in: Günther, E./Steinke, K.-H. (Hrsg.): CSR und Controlling. Unternehmerische Verantwortung als Gestaltungsaufgabe des Controllings, Heidelberg, S. 23–39.

Horváth, P./Gleich, R. (2013) in: Biel, A.: Nachhaltigkeitscontrolling. Interview mit Prof. Dr. Dr. h.c. mult. Péter Horváth und Prof. Dr. Ronald Gleich in: Controller Magazin, 38. Jg., Heft 2, S. 20–25.

Horváth, P./Gleich, R./Seiter, M. (2015): Controlling, 13., kompl. überarb. Aufl., München.

Hubert, B. (2019): Grundlagen des operativen und strategischen Controllings. Konzeptionen, Instrumente und ihre Anwendung, 2., überarb. Aufl., Wiesbaden.

Kaack, J. (2012): Performance Measurement für die Unternehmenssicherheit. Entwurf eines Kennzahlen- und Indikatorensystems und die prozessorientierte Implementierung, Wiesbaden.

Kicherer, A. (2003): Produkte im Vergleich – Die Ökoeffizienzanalyse der BASF in: Chemie Ingenieur Technik (CIT), 75. Jg., Heft 8, S. 1051–1052.

Kleindienst, B. (2017): Performance Measurement und Management. Gestaltung und Einführung von Kennzahlen- und Steuerungssystemen, Wiesbaden.

Krause, H.-U. (2016): Controlling-Kennzahlen für ein nachhaltiges Management. Ein umfassendes Kompendium kompakt erklärter Key Performance Indicators, Berlin/ Boston.

Künkel, P./Gerlach, S./Frieg, V. (2016): Stakeholder-Dialoge erfolgreich gestalten. Kernkompetenzen für erfolgreiche Konsultations- und Kooperationsprozesse, Wiesbaden.

Kurz, R./Werner, W. (2015): Nachhaltigkeit und Unternehmen. Thesen, Heidelberg in: UmweltWirtschaftsForum (uwf), 23. Jg., Heft 4, S. 323–327.

Lachmann, M./Faust, A./Getzin, F. (2017): Nachhaltigkeitscontrolling – eine anwendungsorientierte Erweiterung der Controllingkonzeption in: Hoffjan, A./Knauer, T./Wömpener, A. (Hrsg.): Controlling. Konzeptionen – Instrumente – Anwendungen, Stuttgart, S. 127–139.

Laval, V. (2015): Restructuring Stakeholder Collaboration and how Controlling can Add Value by Managing Educational CSR Initiatives. An Analysis Based on Multi Stakeholder Projects in: Review of International Comparative Management, 16. Jg., Heft 2, S. 205–221.

Lehmann, C./Ruziczka, D./Pöhlmann, T./Huck-Sandhu, S. (2018): Von Skeptikern, Sympathisanten und Zuschauern: Stakeholder-Typen und ihre Erwartungen an die Nachhaltigkeitsberichterstattung in: UmweltWirtschaftsForum (uwf), 26. Jg., Heft 1–4, S. 133–144.

Mayer, R./Ahr, H. (2000): "Translating strategy into action". Strategieimplementierung mit der Balanced Scorecard in Versicherungsunternehmen in: Zeitschrift für die gesamte Versicherungswissenschaft, 89. Jg., Heft 4, S. 673–688.

Mocanu, M. (2017): Green controlling. Concept and practice, Bukarest.

Müller A. (2011): Nachhaltigkeits-Controlling, Berlin.

Münscher, R./Schober, C. (2015): Welches Interesse verfolgen Organisationen mit einer Wirkungsanalyse ihres sozialen Engagements? – Ein Wegweiser in: Schober, C./Then, V. (Hrsg.): Praxishandbuch Social Return on Investment. Wirkungen sozialer Investitionen messen, Stuttgart, S. 23–40.

Rauscher, O./Mildenberger, G./ Krlev, G. (2015): Wie werden Wirkungen identifiziert? Das Wirkungsmodell in: Schober, C./Then, V. (Hrsg.): Praxishandbuch Social Return on Investment. Wirkungen sozialer Investitionen messen, Stuttgart, S. 41–58.

Reichmann, T./Kißler M./Baumöl U. (2017): Controlling mit Kennzahlen. Die systemgeschützte Controlling-Konzeption, 9. Aufl., München.

Rhein, S. (2017): Stakeholder-Dialoge für unternehmerische Nachhaltigkeit. Eine qualitativ-empirische Studie zum Diskursverhalten von Unternehmen, Wiesbaden.

Sailer; U (2017): Nachhaltigkeitscontrolling. Was Controller und Manager über die Steuerung der Nachhaltigkeit wissen sollten, 2. Aufl., Konstanz und München.

Schaltegger, S. (2016): CSR, Nachhaltigkeit und Controlling – Zwischen Praxislücke und Forschungskonzepten in: Günther, E./Steinke, K.-H. (Hrsg.): CSR und Controlling. Unternehmerische Verantwortung als Gestaltungsaufgabe des Controllings, Heidelberg, S. 55–69.

Schober, C./Then, V. (2015): Was ist eine SROI-Analyse? Wie verhält sie sich zu anderen Analyseformen? Warum sind Wirkungen zentral? Die Einleitung in: Schober, C./Then, V. (Hrsg.): Praxishandbuch Social Return on Investment. Wirkungen sozialer Investitionen messen, Stuttgart, S. 1–22.

Schwarzmaier, U. (2015): Nachhaltigkeit im Kennzahlensystem: Social Value Added und Ecological Value Added als neue Maßstäbe in: Klein, A. (Hrsg.): Unternehmenssteuerung mit Kennzahlen, München, S. 73–86.

Spelthahn, S./Fuchs, L./Demele, U. (2009): Glaubwürdigkeit in der Nachhaltigkeitsberichterstattung in: UmweltWirtschaftsForum (uwf), 17. Jg., Heft 1, S. 61–68.

Stadler, C. (2017): Nachhaltigkeit als psychologische Herausforderung, Wiesbaden.

Temmel, P. (2011): Organisation des Controllings als Managementfunktion. Gestaltungsfaktoren, Erfolgsdeterminanten und Nutzungsimplikationen, Wiesbaden.

Wall, F./Schröder, R. (2009): Controlling zwischen Shareholder Value und Stakeholder Value. Neue Anforderungen, Konzepte und Instrumente, München.

Weber, J./Georg, J./Janke R (2010): Nachhaltigkeit: Relevant für das Controlling? in: Controlling & Management, 54. Jg., Heft 6, S. 395–400.

Weber, J./Schäffer, U. (2016): Nachhaltigkeit – Modewelle oder ein neues Arbeitsfeld für Controller in: Günther, E./Steinke, K.-H. (Hrsg.): CSR und Controlling. Unternehmerische Verantwortung als Gestaltungsaufgabe des Controllings, Heidelberg, S. 41–54.

Weber, J./Schäffer, U./Goretzki, L./Strauß, E. (2012): Die zehn Zukunftsthemen des Controllings. Innovationen, Trends und Herausforderungen, Weinheim.

Weissenberger-Eibl, M./Braun, A. (2019): Nachhaltige Unternehmensentwicklung in: Englert, M/Ternès, A (Hrsg.): Nachhaltiges Management. Nachhaltigkeit als exzellenten Managementansatz entwickeln, Berlin, S. 249–270.

Winzer, P./Goldschmidt S. (2015): Nachhaltigkeitsmarketing in Lebensmittelindustrie und -handel am Praxisbeispiel der EDEKA-Gruppe in: UmweltWirtschaftsForum (uwf), 23. Jg., Heft 4, S. 289–298.

Wöbbeking, K. H. (2014): Controlling in der kommunalen Umweltwirtschaft. Anforderungen – Aufgabenfelder – Instrumente, Berlin.

Wördenweber, M. (2015): Operatives Controlling, 2. Aufl., Büren.

Wühle, M (2019): Nachhaltigkeit als Erfolgsfaktor in: Englert, M/Ternès, A (Hrsg.): Nachhaltiges Management. Nachhaltigkeit als exzellenten Managementansatz entwickeln, Berlin, S. 61–78.